国家社科基金项目
华夏英才基金资助出版项目
宁夏大学“211工程”第三期建设项目

華夏英才基金學術文庫

伊斯兰教与构建和谐回族社会

孙振玉 孙 嫱 著

中央编译出版社
CCTP Central Compilation & Translation Press

目　录

第二编 宗教实践调查

第三编 深度理论思考

绪 论

一、"和谐"概念与研究缘起

人类之所以向往和谐，是因为世界充满了矛盾。和谐就是福与乐，矛盾（在此仅指不和谐的矛盾）就是祸与苦，所以，世上没有什么人不想避祸趋福，离苦得乐，因为这是他们的一种本能。同样，致思"祸"与"苦"的根源，寻求"避"与"趋"、"离"与"得"的途径，也是出于人类的本能，或许，这才是人类真正拥有的本能。正是这种本能的探索实践，终而复始，循环往复，创造出了各式各样的和谐文化。后来，随着科学技术的发展，人们的生存信心增强了，于是又想趋得更大的福与乐，这虽然同样出于本能，却体现着人们超越有限（我们每个人的生命和能力是有限的）、追求无限（人类所追求的福与乐及这个追求本身是无限的）的"野心"。不幸的是，这似乎反而成了招致更多的祸与苦的根源，致使我们人类今天需要解决的问题不是减少了，而是增多了；不是简单了，而是复杂了；不是容易了，而是更困难了。人们似乎永远也得不到他们所追求的福与乐。这就是为什么佛教早在2500多年前就"彻悟"地下了"人生是苦"（"苦谛"）的结论而当今所谓的解放神学①坚持要解救人们脱离苦海

---

① 解放神学是一种基督教原理与政治行动主义的混合，常常带有马克思主义的特征。20世纪60年代晚期，拉美罗马天主教教会的一些神职人员，寻求以自己的地位和教义帮助穷人从贫困深渊中解放出来。解放神学的主旨很简单：社会压迫与基督教伦理不容，为了信仰与正义，基督徒必须推动更大的社会平等。

的原因所在。其实，祸与福、苦与乐、有限与无限还只是人生全部矛盾的一部分，是现实“矛盾世界”的更小的组成部分而已。正是因为有了矛盾，才有了人们对于和谐世界的无限向往和追求。和谐就是基于矛盾而来的，凡是有矛盾的地方，也就是人们追求和谐的地方。我们中国的文化被人称做是一种“和合”的文化，可能就是这一共同追求的结果吧？我们的理解，“和合”中的“和”字，就是“和谐”的意思，“合”字则是指示人们要过符合和谐要求的生活。

显然，人们之所以追求和谐，其真正致因是现实中的不和谐。和谐思想的本质是人们身处“矛盾世界”而追求“和谐世界”的必然。现实不和谐思想，符合马克思唯物主义的矛盾无处不在、无时不在的认识。回顾人类以往追求和谐的历史，就会不难发现，原来人类所做的最主要的事情，就是制定规则。用我们古人的话讲，就是制定规矩，“没有规矩，不成方圆”，当然这里是指的社会行为规矩，目的是要人们在现实生活中，循规蹈矩，中规中矩，其中体现着人们的一个极为朴素的经验假设，这就是：若是人人都能做到循规蹈矩，这个矛盾的现实世界也就变得和谐了。这一体现着和谐理性的假设至今也没有被放弃。到了21世纪，人们追求和谐的努力似乎不是看到了希望，反而陷入了更大的危机，于是，制定规则的全球性努力也提到了议事日程（以往制定规则只是个别、局部性的事情）。而且，我们注意到，在这一新的努力当中，宗教扮演了前所未有的积极角色。早在1993年8月28日至9月4日，在美国芝加哥召开的第二次世界宗教议会上，就有6500名来自世界各个宗教、教派的代表参加，而他们的任务不是别的，就是要发表《走向全球伦理宣言》，是要制定全人类共同遵循的普世伦理规则。这个被称做“金规则”的东西，用中国儒家的话来概括就是：“己所不欲，勿施于人”。那么，规则是什么？规则其实并不深奥，它只是告诉人们，为了人类的共同福祉，什么可以做，什么不可以做，或者，什么做了是对的，什么做了是不对的。所以，和谐就是人们都做了是对的事情，而不是做了是不对的事情。

人们在探索普世伦理的过程中，不是简单地否定各个具体伦理所奉行的“行为正确”的是非判断标准，而是对之予以综合与折中，其中，包括对于各个宗教伦理中积极因素的肯定与承认，并希望继承发扬之，当然，也提出了研究探讨这些积极合理因素的时代要求。改革开放以来，随着我国经济社会的快速发展，我们不仅有许多旧的矛盾和问题未能得到解决，还遇到了一系列新的矛盾和问题，自然环境、经济发展、社会进步都有许多挑战要面对，基于这种情况，党中央把构建和谐社会也当做我们发展的伟大目标，是非常正确的，也得到了全国人民的认同和支持。值得注意的是，在实现这一伟大目标的过程中，人们开始注意发挥宗教的积极作用，认为宗教包含有构建和谐社会的积极因素，因此也能够为和谐社会作贡献，这已成了人们的某种共识，并推动学术界开始在构建和谐社会这一新的视角下对宗教展开新的研究。我们所承担的国家社科基金课题《伊斯兰教与构建和谐回族社会：以宁夏为例》，就是在这一大的背景下选题和立项的，目的是通过对伊斯兰教尤其是回族伊斯兰教所具有的构建和谐社会的积极因素的发掘，使其为构建我国的和谐社会，尤其是构建和谐回族社会发挥作用，从而也从个案的角度，来为论证宗教包含有构建和谐社会的积极因素并能为之作贡献这个一般假设做一点工作。在此还要指出的是，目前我国在构建和谐社会视角下对回族伊斯兰教的研究已有若干成果，所取得的成就，基本上是以伊斯兰教的个案情况，来论证“只有宗教和谐才有社会和谐”、“宗教也能为社会和谐作贡献”和“宗教包含着和谐思想”等一般命题范畴，尤其是在第三个命题即“宗教包含着和谐思想”的研究中，关于伊斯兰教的情况贡献比较大。不过，总的看，当前这一研究领域比较有价值的成果还很少，研究也不够深入扎实，不够系统全面，可以认为基本上停留在泛泛、粗糙的层面上，然而，这一研究本身却是非常有意义、非常有必要且值得认真细致地去做的。

二、结构设计与内容重点

伊斯兰教属于世界宗教范畴，在许多不同地区、不同国家、不同民族、不同人群中都有传播，且各有特点。我国回族信仰的伊斯兰教，也在一般伊斯兰教的基础上发生了许多变化，在中国本土固有文化的影响下，不仅有其自己的发展历史和传统，也有其自己的内容特点，更主要的是，这个特殊的伊斯兰教，包含了回族穆斯林长期以来属于自己的“文化创造”，这是跟回族社会关系最为密切的伊斯兰教的分支体系。因此，本项目一开始在是把一般的伊斯兰教还是把特殊的回族伊斯兰教作为主要研究对象的选择上，最终选择了回族伊斯兰教作为主要的研究对象。该研究也仅是在这一层意义上，使用了“回族伊斯兰教”这个概念，其中没有包含任何“回族伊斯兰教非伊斯兰教”的意思。不仅如此，本研究还认为，我国的回族伊斯兰教始终坚守并包含了一般伊斯兰教根本的信仰原则与基本的教义思想，而且，在历史的发展过程中，也一直与国外伊斯兰教的主流发展保持着密切的接触与恒久的联系，所以，一般伊斯兰教仍是本课题研究的重要对象，只是不作为主要的研究对象来对待而已。

本研究的总体设计思想是：考察伊斯兰教与构建和谐回族社会的关系，不仅要重视教义分析，还应该密切关注信仰实践，同时，也要紧密结合我国宗教信仰的总体社会环境来进行，并在更深的层次上根据回族伊斯兰教的个案实际，反思我国现行的宗教理论与宗教政策。为此，本项目设计最终划分为三个有内在联系的部分。(1) 教义文本解读，共五章，通过解读回族伊斯兰教的教义，系统发掘其中的和谐思想，不仅全面展示这一宗教有益于社会发展的方面，还旨在促使人们尤其是回族穆斯林对之予以发扬光大，以为我国构建和谐社会尤其是构建和谐回族社会服务。(2) 宗教实践调查，共三章，本课题在当初设计时，考虑到研究的现实可行性，加了一个限定性的副标题“以宁夏为例”，目的是通过对宁夏伊斯兰教实际情况的调查，发现其与构建和谐回族社会的关系，即，在现实社会中该宗教究竟起到什么样的作用。这里的“宗教实践”不仅指回族伊斯兰教的信仰实践，也包括我国政府（宁夏地方政府）针对伊斯兰教的管理实践，因为这两个方面的内容具有密切的关系。必要时，研究也结合了国内其他地方回族伊斯兰教的情况。(3) 深度理论思考，共两章，本项目研究密切结合了我国的宗教信仰环境，重点反思了我党和政府的宗教思想理论与现行的宗教政策，以及我国的政教关系问题，认为这些方面对宗教在构建和谐社会中发挥作用有不可忽视的影响，所以，研究是非常必要的。另外，本项目结构设计中还有一个指导思想，这就是认为任何宗教对于构建和谐社会，不仅会起到积极的推动作用，由于受到复杂因素影响，也会出现一些消极的方面，对此研究不可以回避，否则就不是唯物主义的科学研究态度。本项目对回族伊斯兰教也从这一角度进行了研究。

关于回族伊斯兰教的和谐思想的具体内容，“教义文本解读”部分采用了文化解释（非社会文本解释）的方法，并把回族伊斯兰教当做一个发展的社会与文化现象，对其历史传统文本和当代现行文本分别进行了解读。早在我国的明清之际，回族伊斯兰学者（又名“译著家”），就糅合外来伊斯兰哲学与我国的宋明理学，创造了一个“体大思精”、系统完备的“回回理学”。本课题用了四个整章分别对该学说体系中的“存在和谐”、“人生和谐”、“家庭和谐”与“社会和谐”诸思想进行了系统的发掘。存在和谐是指包括人与自然在内的所有存在物（伊斯兰教所指的“全体被创造物”）之间的和谐，人生和谐是指人的内在心理与精神和谐、家庭和谐以性的和谐为基础，涉及家庭伦理之间的和谐关系，社会和谐作为传统回族伊斯兰教和谐思想的核心话题，则包含有社会结构、政治、法律、经济诸方面内容，更具有系统完备的和谐思想。存在、人生、家庭、社会及其和谐，在回族伊斯兰教的和谐思想中，属于基本的范畴结构单位，是揭示这一和谐思想叙事结构的基本方面的话语。回族伊斯兰教义的当代现行文本还处于发展完善之中，相较历史传统文本远不够系统完备，但通过认真发掘，也能发现一些已初步形成的重要的和谐思想内容，并具有明显的时代特征。这一部分用了一个整章的篇幅，分别研究了回族伊斯兰教的生态和谐、人生和谐、家庭和谐、社会和谐思想，其中，生态和谐以当前人们面临的生态灾难、环境危机为最大致思理路；人生和谐虽仍受传统上苏非主义“人主合一”思想影响，但思考的重点却是普通穆斯林大众的精神和谐问题；家庭和谐也已不再强调传统的“夫父主导”秩序，而突出了男女平等（“自然平等”）和现代家庭功能观念；变化最大的还属社会和谐思想，不仅封建等级制度已被放弃，公道和公平思想有了更为丰富的时代内涵，还突出了当代社会的民主协商与民族平等团结思想。

研究的“宗教实践调查”部分，通过对以宁夏为主兼及其他地区回族伊斯兰教发展现状的调查，分别就三大主题进行了研究。首先研究的是“具有中国特色的宗教实践经验”。所谓的宗教实践经验，是指宗教的全部生活经验以及与宗教有密切关系的那部分社会生活（宗教管理）经验。研究的主要结论有：中国的宗教信仰自由政策包含公民信仰选择的充分自由与宗教活动的有限自由两部分内容，它体现着我国特殊历史与社会背景下对宗教人权的尊重；在对宗教依法进行管理的社会实践中，广大干部和群众表现出了极大的智慧创意，这是一笔值得珍视的社会财富；中国社会主义宗教的特别之处在于必须有益社会，这一价值要求是由全体公民利益的根本一致性所决定的。研究的第二个主题是宣讲“新卧尔兹”，这是当代背景下中国伊斯兰教的一个新的“解经”行动，对于推动回族伊斯兰教现代教义学的发展有不可低估的作用。这次“解经”行动，具有明显的时代特征，与我国构建和谐社会的伟大发展目标是完全一致的。第三个主题，采取了与正面研究相反的视角，分析了回族伊斯兰教义思想、教派分歧、宗教消费、达瓦宣教诸方面存在的对构建和谐回族社会产生消极影响的问题，并提出了相应的对策。研究认为，之所以会产生这些消极方面，原因是复杂的，既有伊斯兰教作为一种宗教信仰所固有的，也有宗教极端分子造成的，或者被国内外某些势力别有用心地利用使然的，当然也有来自信教群众方面的原因等。

研究的“深度理论思考”部分，属于基础理论分析范畴，探讨了我国社会主义的科学宗教观和政教关系两个问题。研究认为，科学发展观是当前我国经济社会发展的根本指导理论、世界观与方法论，科学宗教观则是对宗教和宗教问题的总的认识和看法。科学发展观的提出无疑为科学宗教观注入了新的内涵，为其进一步完善提出了内在要求，而要做到这一点，就需要根据宗教发展的实际，实现马克思主义宗教观在我国的创新。至于我国社会主义政教关系问题，研究指出，这是我国宗教事务中真正最根本的关系，直接关系到我们能否成功引导宗教与社会主义相适应，并使之为构建和谐社会发挥作用的问题。本课题研究在我国以往“政教合一—政教分离”政教关系认知模式之外，提出了“政教矛盾—政教和谐”模式，由此提出了“政教和谐”理念，并对其内涵特征、本质要求、面临挑战、政通人和诸问题进行了系统分析。研究结论是：在我国社会主义社会，仅仅认识到只有宗教和谐才有社会和谐是不够的，还必须强调只有政教和谐才有宗教和谐与社会和谐。这是因为，由于复杂的历史和现实的原因，我国宗教事务中最大的矛盾其实不是宗教矛盾，而是政教矛盾，这个矛盾在以往极左年代发展到了极致，现在，马克思主义无神论与宗教有神论之间的矛盾仍然存在。思想决定行为，这一思想意识上的矛盾对于现实社会中党与宗教人士、政府与信教群众、国家与宗教的关系的影响，我们还没有给予足够重视和研究。

三、几点说明

在此还有几个问题需加以说明。

第一，关于引用《古兰经》经文问题。本研究引用了许多《古兰经》经文，这些经文译文出于各式各样的研究文献，在引用时保留了原有文献的翻译和对经文出处的标注，而没有用我国已正式出版的《古兰经》译本（如马坚译本）进行校正，这样做的用意是尽量不破坏引用文献内容的统一性。

第二，对于引用文献存在明显错误的处理。本研究使用了许多民间流行的文献，这些文献由于未经严格编辑，存在着各式各样的字词与标点符号使用的错误，如果原样照录或采取加括号改正的办法，会使表述显得杂乱，所以，直接在引文中进行了改正。不过，文中对引文出处已进行了明确的标注，这样，凡是改过的地方，只要有意者核对原文就可以很容易看出来。

第三，关于所附《泛伊斯兰主义与回族伊斯兰教发展现状调查》说明。这个调查也是新完成的一个研究成果，附在本项目成果之后，可以用于参考，以便读者能对本课题所涉及的某些问题有更好的理解。

第一编

教义文本解读

第一章　传统回族伊斯兰教论和谐存在

和谐是人类幸福的个中之义，为人类文化追求的重大价值目标之一。传统回族伊斯兰教崇尚和谐的存在状态，视存在为最高义，认为存在同质同构，复杂多样而全美，因而向往着一种“美美和谐”的“自然”和谐理想，其中虽然体现着造物主的绝对意志，并奉神为最终权威，但以人为核心的和谐存在思想则是基本的，同时，在人们的社会实践层面，又不忘把建构和谐的现实作为重要追求。传统回族伊斯兰教的和谐存在思想把宗教理想主义与存在现实主义相结合，并在其中突出人的“代治”地位，以期借助人的努力来实现存在和谐，这种理论特征与实践追求所具有的某种启发意义是值得重视的。

一、和谐存在的前提：同质同构

作为存在的某种反映方式，传统回族伊斯兰教承认现象世界的复杂多样性及其有序性，也向往存在和谐，并设法防止非和谐情况的发生。不过，伊斯兰教却主张造物论，认为宇宙万物连同其和谐存在都是“真主”创造的。如，明清之际的回回伊斯兰学者王岱舆就讲道：“若天高地厚，水凉火热，风动土宁，日月往来，星辰旋转，四时更替，昼夜卷舒，金石变化，草木香颜，水中鳞介，陆地飞行，品类各异，刚柔不等，多则无益，缺则不备，无不至当，今古不更，少不如是，自不安妥，似此至妙安排，除斯真主，孰能再造?"[①] 在王岱舆看来，宇宙万物的存在是一种体现着造物主创造"安排"的美妙的和谐状态。而在这一创造安排思考的背后，还有更神秘主义的有关存在之本质的思考。

根据明清回回伊斯兰学者的思想，存在是唯一的，也是绝对同质的，因为真实而唯一的存在，只有造物主。清代回回伊斯兰学者马德新讲道："确实无妄之谓真，单另独一之谓一。凡所有者，不越乎两端：真有、幻有。真有者，自然之有也，是谓原来有而不得不有也。幻有者，化生之有也，乃先无而后有，是谓可无而可有。惟真一，乃为自然之有，真一之外，一切有形无形者，皆为幻有。"[②] 马德新把全部存在分为两大类，认为有真实的，也有虚幻的，真实的存在唯有造物主，他是自然的存在。至于其他，一切都是虚幻、被化生出来的存在，这就是全部的现象世界。现象世界只是现象，而非本质。

显然，真实的存在之本质只能是唯一的造物主。如，清代另一位回回伊斯兰学者刘智就讲道："自有天地物我以来，幻境多矣，然而，莫非本然之流行也……自至外而流于至内者，专属造化之事，此自然而然之流行也。夫是以自本然无外之流行，而有公共之大性焉，有天地焉、万物焉，有人之身焉、心焉、性焉，而人复各具一流行之本然焉。"[③] 现象世界（天地万物）都是"本然之流行"，而且是"无外之流行"，是造物主之内在的自为变化状态。所以，刘智又讲道："盈天地间皆物也，即天地亦物也。物皆真一之所化……"[④] 现实世界中的所有事物，都是由"真一"派生出来的，是由他化生的，而这个变化的具体形态，就是"隐"与"显"，而且是"真一之自为显著"："真一无幻无数，而复任意于隐显之间者，真一之所以妙乎其真一也。"又："圣人曰：隐而名真，显而名物，盖谓无物之非真也。"[⑤] 造物主与被创造物有"真"与"幻"、"一"与"数"的截然

① 〔明〕王岱舆：《清真大学》，见《正教真诠·清真大学·希真正答》，余振贵点校本，宁夏人民出版社1987年版，第239页。

② 〔清〕马德新：《四典要会》，青海人民出版社1988年版，第21页。

③ 〔清〕刘智：《天方性理》，中华民国十二年（1923）刊本，卷四。

④ 〔清〕刘智：《天方性理》，卷五。

⑤ 〔清〕刘智：《天方性理》，卷五。

不同，这个不同，不在实体方面，而在表现方面。因为，造物主可以任意地隐，任意地显，隐的时候他是绝对的“真”，显的时候便成为普遍的“物”，这就是他的神奇美妙与神秘莫测之处。其实，无论隐也好，还是显也好，真实存在的，只有造物主，现实世界中的天地万物都不过是他的显露出来的形象而已。

造物主之所以能够显而为万物，是其内在的逻辑结构决定的。刘智讲道：“冥冥不可得而见之中有真一焉，万有之主宰也。其寂然无着者，谓之曰体；其觉照无遗者，谓之曰用；其分数不爽者，谓之曰为，故称三品焉。用起于体，为起于用，是为由内而达外之叙；为不离用，用不离体，是为异名而同实之精。后此万有不齐之物，皆此异名而同实者之所显著也。”造物主的体、用、为同实而异名，指的是他的内在逻辑结构。这个内在结构中，“用”无所不能（“觉照无遗”），“为”无所不成（“分数不爽”），所以其能显而为万物。而且这种显现采取了最佳的方式，即自然的方式。马德新讲道：“真宰之用，自然而然，与本然浑然为一……用出自然，则所用无所不当，所用无所不全，中其时而适其宜，至美、至善、至极而无加焉。”[①] 刘智也把宇宙万物的被创造过程描述为一个绝对自然的过程，他讲道：“造物之生化，不越两端。不可得而见者理也；可得而见者象也。此二者无所生而生，无所化而化，皆本于自然而然者也。惟其自然而然，夫是以于自然之中而有是理也，于自然之中而有是象也，于自然之中而理与象相入也。理不期与象配而自有相配之机，象不期与理合而自有相合之妙。假使于其中有一毫之安排布置，是造物庸心于其间也。”[②] 我国的道家讲人法地、地法天、天法道、道法自然，自然是道之存在的最佳状态，刘智等人的思想大概就是由此而来的。存在的自然变化的绝妙之处，就在于其无生而生，无化而化。

那么，最高本质（造物主）与普遍现象（被创造物）的关系，具体是一种什么样的关系呢？这首先要看造物过程开始之前的情形，刘智讲道：“是则真一之本境也，未尝有体而无往非真一之体；未尝有用而无往非真

① 〔清〕马德新：《四典要会》，第22页。

② 〔清〕刘智：《天方性理》，卷五。

一之用；未尝有为而无往非真一之为。是则真一之显著也，显著之境亦非本境之所实有者也。三品之显著，尚非真一本境之所实有，又何况自三品显著之万物乎？而又岂得为本境之所实有者乎？”① 从“真一”自身（本境）角度上看，不存在什么实有的体、用、为，他们其实也是虚幻的存在（幻有），是真一发生变化后才有的。凡是经由造物主变化而来的，都是幻有。所以，刘智又从名实（相）关系角度告诉我们：“名之为物也虚，相之为物也幻，虚与幻似乎不近于真也。然非名则相无称，非相则真不显，虚与幻实真一之所以自为变化而自为名称也。所可异者，体一也而其相不同。不同亦无足异也。而每一不同之相，皆真一一同之全体。真一之相无量无数，则真一一同之全体亦无量无数矣。全体顾若是多乎哉？一相起则真一一同之全体现，一相灭岂真一一同之全体亦灭乎哉？未尝多也，亦未尝灭也。只此一全体耳，现之于此则此即真一一同之全体，现之于彼则彼即真一一同之全体。现一现二或一无所现，真一一同之全体不加少，现百现千现无量，真一一同之全体不加多。”② 绝对本质（造物主）只是一，其所派生（显著/显现）的现象（被创造物）则是复杂多样的，两者的关系既是一种抽象的集合关系，即所有被创造物作为一个统一的整体是造物主显现的结果，同时也是一种如儒家所讲的“一本万殊”的关系，即每个被创造物又都是造物主全体显现的结果，这类似于一种“月印万川”的效果。造物主是一个纯粹单质的存在，没有内在的殊多，所以，存在同质同构，这即是存在之和谐的根本保障，但造物主本身则是超越和谐的。

二、和谐存在的结构：美美和谐

根据伊斯兰教的造物论思想，造物主创造万物的主观设想，就是要造成一个和谐有序的存在世界，而其中所体现的造物的原理，刘智有一个很好的概括，就叫做“万物全美”。他讲道：“盈天地间皆物也，即天地亦物

① 〔清〕刘智：《天方性理》，卷五。

② 〔清〕刘智：《天方性理》，卷五。

也，物皆真一之所化，固无一物之不全美也。”① 造物主是一个全然同质的独立体，无所不有，无所不美，而其显现也理所当然是一个完整的显现，否则，由其显现而来的被创造物的整体就不完美了。分析刘智的万物全美思想，我们注意到，他所讲的全美，乃分为两类，这就是个物全美与万物全美，因为，不管是个别被创造物还是被创造物的整体，都是造物主的完整的显现，所以他们都必须是全美的。针对个物全美，刘智进而讲道："自其内体观之，莫不有先天之理；自其外体观之，莫不有后天之气；自其内外相合之体观之，莫不有当然之用。理无不全之理，气无不全之气，则其用自无不全之用。”② 这显然是受宋明理学的影响，认为现实世界中的事物都是由“理”和“气”两大基本要素构成的，其中，“理”构成着事物的本质，“气”则构成着事物的外形。个别事物的全美首先就体现在这一结构的全美上，即理气双全。每一个别事物还有其各自的功用，并且也是全美的。

根据刘智的思想，个别事物的全美，在于每个事物都有其他事物不可取代的功用，这既是一种相对的全美，也是一种绝对的全美。他讲道："物有大小，而其全美处无大小；物有精粗，而其全美处无精粗。天地，物之至大而至精者也。任取其中一至小至粗之物，与天地较全美，其全美无彼此之分。盖天地此理，微尘之物亦此理；天地此气，微尘之物亦此气；天地有天地当然之用，微尘之物亦有微尘当然之用。但天地之用，用之于天地则其为用也；普微尘当然之用，用之于微尘则其为用也。细若即此微尘之物，极乎其用之分量而推广之，则其用未始不可与天地比。”③ 存在事物无论大小、精粗，都是由同样的理和气构造而成的（实际上，理是相同的，气有清浊不等），在功用方面，也都是平等的，因此，其存在价值是绝对的。

不过，个别事物的全美，也是相对的，因为又都有其不全美的一面。即，它们都只是在某个功用上、某个价值方面是全美的，换一个位置就全

① 〔清〕刘智：《天方性理》，卷五。
② 〔清〕刘智：《天方性理》，卷五。
③ 〔清〕刘智：《天方性理》，卷五。

然不同了。“说者曰：天地间之物无有一全美者。天不满于西北，地不满于东南，天地亦不能全美，况其余！”刘智回应道：“不全正所以成其全也。”为什么呢？这是因为，“凡物过于全美，便非全美。纯阳之中伏一阴，是其纯阳之量未全也。然若无此一阴之伏，则阳尽之日，阴何以生？是阳之不全正所以成其全也。纯阴之内伏一阳，是其纯阴之量未全也。然若无此一阳之伏，则阴尽之日，阴何以复？是阴之不全正所以成其全也……”①个别事物的某种不全美，实际上正是万物全美所必需的，因为这样会为其他事物的存在及其功用创造了根据，也为事物间的相互转化准备了条件。“说者曰：万物无不全之体，庸有不全之用？用之全者，则于用处见益；用之不全者，反于用处见损。”刘智再应道：“万物即本然之所发现，无不全之本然，安有不全之应用？但在造化中有时与际之妙耳。当其时宜，在其分际，则何不全之有？非其时宜，易其分际，则以全者用于不全之地矣。此用万物者之过也，非万物之用之过也。”② 原来，事物本身的全美，跟事物作用的发挥是两回事，后者乃有时空（时宜与分际）条件限制，脱离了必要的条件，其作用就难以得到全美的发挥，更有甚者，亦可能会产生消极的作用效果。

王岱舆虽然没有像刘智那样在著述中使用“万物全美”概念，但如前文中已提到的，他对和谐有序的现实世界也有同样的认知，并且进而指出，这种和谐有序的安排，应归功于造物主对存在事物普遍的关怀和同情（普慈）。他讲道：“真主普慈今世，独慈后世，所以能足万物所需，略无缺乏。其恩惠广大，无壅无塞，至公无私。诸天世界，无所不及；微虫细介，咸被其泽。”造物主慈悯今世所有的事物，为他们的需要都创造了满足，没有任何遗漏。不过，到了后世情况就不一样了，那时只慈悯（独慈）人，而且是善人。王岱舆还讲道：“世人顺违贵贱，贫富安危，高低巨细，万事万物，各安其位，谓之普慈，非一概均平也。若一概平等，则无高低贵贱，君臣父子，夫妇尊卑，何以成斯世界？彼此不分，非所论矣。夫天有阴阳，人有贵贱，无阴不能成阳，无小人不显君子。所以石能

① 〔清〕刘智：《天方性理》，卷五。

② 〔清〕刘智：《天方性理》，卷五。

攻玉，铅可纯金，自然之理。譬如天为阳，居上而动；地为阴，居下而静。设若天俱转而为地，日月星辰，无所系载，雨露霜雪，无所降临，万物干枯，人间长夜矣；或地俱转而为天，万物无所承载，草木无所植立，世界尽属虚空矣。以是观之，阴阳必不可缺，天地必不可同，贵贱必不可一，君子小人必不可少。高者高之，下者下之，因才而用，各得其宜。非普慈而何？"① 在这里，我们再次看到了对于存在事物的复杂多样及和谐有序的精彩描述，是知，万物全美即美在和谐——美美和谐！

三、和谐存在的达致：成己成物

传统回族伊斯兰教所讲的是一个价值存在，只要物尽其用，这样体现着神意的有序存在就是一个和谐存在。不过，伊斯兰教的存在论思想有两大突出特点是要注意的，这就是：一要严防混淆造物主与被创造物的界线，二要分类对待所有被创造物。第一点的用意在于维护信仰对象的绝对权威，从而达到"护教"的目的；第二点则表达了伊斯兰教对存在多样性的认识方法和态度，其中表达了对于人的地位和作用，包括人在维护和谐神圣秩序中的地位和作用的肯定与尊重。王岱舆讲道："有，有三品，曰：'无始无终之有'，乃真主独一之有也；'有始无终之有'，乃天仙、人神、数一之有也；'有始有终之有'，乃水陆飞行、草木、金石倚赖之有也。"② 全部存在被分为三大类，造物的真主自成一类，他是绝对永恒的存在；人与天使（天仙）、天神（天仙之外的其他神灵）和"数一"（相当于儒家的天理，为现实世界的被创造的究极本原或真理，可视为第一被创造物）列为一类，他们是被创造的有始之物，但却是不死的；所有其他存在物，则是有生有灭的。其实，将人类列为有生无死的存在类别之中，还不是王岱舆最大的想法，他的最大的想法是"真一之次，万物之尊，莫大乎

① 〔明〕王岱舆：《正教真诠》，见《正教真诠·清真大学·希真正答》，余振贵点校本，宁夏人民出版社1987年版，第32—33页。

② 〔明〕王岱舆：《正教真诠》，第61页。

人”[①]。在于突出人，突出人在所有被创造物中的最高地位。

根据伊斯兰教的思想，它的最高信仰对象——安拉——不仅是宇宙万物的创造者，还是自己所创造之存在物的主宰者，以及自己所构筑的神圣秩序的最终维护者。只是，这一对现实世界的主宰与管理，乃是通过代理的方式实现的，而其代治者，非他，乃是人。《古兰经》[②] 讲道：“你的主对众天神说：‘我必定在大地上设置一个代理人’。”（2：30）于是便用泥土创造了一个人，并把自己的“精神（即本质。——引者注）吹入他的体内”，把“万物的名称”教授给了这个人，这就是所谓人类的“始祖”阿丹（2：31；38：71—72）。值得注意的是，为了突出人的地位，造物主还在完成造人之际，要求众天神对之进行叩拜（38：72）。结果，众天神虽心有不甘还是照着命令做了，唯有易卜劣斯抗命不遵（38：73—78），从此被判为安拉与人类的敌人。根据《古兰经》的记载，造物主当初在打算找一个“重任”委托者的时候，也曾考虑过其他被创造物，但是没有接受者，所以找到了人。“我确已将重任信托天地和山岳，但它们不肯承担，它们畏惧它，而人却承担了”（33：72）。《古兰经》还讲道：“有学识的人们，知道从你的主降示你的经典，确是真理，能指示〔世人走上〕万能的、可颂的主的大道。”（34：6）造物主把自己的本质生命（精神）、知识都给予了人类，让人来做他的代治者，人的地位和作用自然是其他被创造物不可比拟的了。

人被赋予代治者角色后，身份和地位固然要与众不同，那么，人类与其他存在物的关系，具体是什么样呢？王岱舆讲道：“人极玄枢，包罗万象，有无造化之希微，尽载此身之古册。太始之时，真主运无极而开众妙之门，乃本人之性理；用太极而造天地之形，亦本人之气质。”所有存在物的理（众妙）与形，都是本着人被创造出来的，是由人的理与气派生出来的。存在虽然同质同构，但在生成过程中，却有层级次递分别，呈现着某种派生与被派生的关系，就是这样一种关系，决定着“人也者，先天地而为万有之根原”，“体真一而为古今之定理”，人是所有存在物之根，是

① 〔明〕王岱舆：《正教真诠》，第64页。

② 《古兰经》，马坚译，中国社会科学出版社1981年版。

世间真理的化身，即为古今不变的道理或真理。王岱舆还打比方道："天地万物，譬如一株大树，人为万物之灵，人之性理，即斯树之种子也；人为万物之贵，人之身体，即斯树之果实也。兹树之本末精粗，合而言之谓人"。[①] 人是万物之灵，万物之贵，所以是特别的。

人的特殊身份地位，必将决定他们之于存在和谐中的关键性角色。刘智也由于此而把致和谐寓于人的"政事"之中。所谓"政事"即造物主造人之初交待给人的某种"神圣"使命。刘智讲道："政事云何？赋命生人之际，耳提面命，直下担当之重责也。真主造化乾坤，显扬万物之原义，特为此而已。人之笃学，存养省察，格致诚正，其所求者，求此而已；成己成物，修齐治平，其所推者，推此而已。是以圣教教人识主，以返其本体；教人敬事，以完其初命。初命完，本体返，圣道之极致也。"[②] 伊斯兰教千道理，万道理，对于人而言，完成造物主所赋予的代治使命，才是最高的道理（"圣道之极致"）。这要求人认主、敬主，以此修养自身，成就自己（"成己"），之后才有资格完成代治使命，成就所有存在事物（"成物"），从而达到修身、齐家、治国、平天下的目的。马德新也讲成己成物："体圣人之言行，而循规蹈矩；守圣人之典则，而成己成物，斯为笃信圣人者也"。[③] 现实世界中，人们只要"循规蹈矩"，便能达致社会和谐，或人类自身的和谐，这样，不仅成就了自己，也成就了他物，即使物尽其用，所以，"成己成物"便成了伊斯兰教和谐思想对于人的内在要求。

四、和谐存在的特征：主内和谐

传统回族伊斯兰教存在哲学强调存在的绝对统一性：存在即主。造物主是独一的客观存在，是绝对真实、永恒的存在，之外的一切存在，则都是不真实的，是虚幻的，是唯一真实存在显现出来的虚幻影像。于是，传

---

① 〔明〕王岱舆：《正教真诠》，第64页。
② 〔清〕刘智：《天方典礼》，纳文波译注本，云南民族出版社1990年版，第17页。
③ 〔清〕马德新：《四典要会》，第27页。

统回族伊斯兰教所讲之存在的和谐，便只能是一个与造物主自身的存在有关的命题，换言之，这是一个关乎“主内和谐”的问题。主内和谐的最大特点是本质和谐，这是一种深刻的和谐，具有永恒之义。所以，存在之不和谐，只是偶然的，短暂的，是非本质问题，属于变化范畴。同样是在变化之中，不和谐却又可以最终达致和谐。至于这个达致和谐的过程本身，则又体现着和谐的本质要求。

（一）造物之主：超越和谐的和谐主体

根据伊斯兰教的造物论与存在论思想，存在事物虽然复杂多样，他们却同质同构，都是造物主在自为变化。造物过程开始之前，只有本质——造物主，而无现象——天地万物。造物主这个实有的存在本质是独有、单质、纯洁无染的。王岱舆讲道：“独一至尊，别无一物……”[①] 刘智亦讲道：“当其无理可名，是为最初。其造化之本然，不可以名称。诸家以其无称，而遂谓之为无，奚可哉！……圣人于此不曰无，而曰无称；性理家于此不仅谓之为有，而谓之曰实有。实有者，无对待而自立者也，真幻不分，体用无别，一无所有，而实无所不有也。”[②] 伊斯兰教把造物开始之前的造物主，努力描述为一个绝对超越的最高存在，并以其绝对超越性，来突显其无限丰富性。他的无限丰富性，丰富得可谓“无所不有”，以至于成为全部存在的最高来源。而他的超越性，则不仅超越存在，也超越存在和谐，造物主这个绝对的“一”，是无所谓和谐不和谐的。和谐的反义概念是不和谐，他们的存在有相互依赖性，显然不适合用来状写绝对本质。也或许正是这种超越性，保证了他的针对现实存在（“多”）之和谐的权威性。我们注意到，在安拉的99个“尊名”中，大致与和谐有关的有“拉赫曼”（普慈的主）、“色兰”（赐安宁的主）、“哈基姆”（公断的主）、“阿德勒”（公平的主）、“拉蒂夫”（仁厚的主）、“厄富尔”（至赦的主）、“哈利姆”（宽容的主）、“穆吉卜”（有求必应的主）、“瓦杜德”（至爱的

① 〔明〕王岱舆：《清真大学》，第233页。

② 〔清〕刘智：《天方性理》，卷一。

主）等。[①] 这些汉译名称中的“主”字，刻意突出了名称主人——造物主——的威权地位。

（二）现象和谐：无涉本质的虚幻和谐

实际上，绝对本质之超越现实存在及其和谐的特征，只是指的化生天地万物之前的情况，当化生出复杂多样的现象世界后，和谐的问题就被凸显了。绝对本质也就是存在事物的本质，绝对本质的超越性也就是存在事物本质的超越性。超越则因此又意味着存在事物本质自身无所谓和谐不和谐。这样，辩证地看，正是由于存在的绝对本质超越和谐，才有了和谐又不和谐的现象世界。否则，绝对和谐的本质会规定只有和谐的世界，而没有不和谐的世界；绝对不和谐的本质也会规定只有不和谐的世界，而没有和谐的世界。当然，人们仍然会提出这样一个问题：怎样理解绝对本质与普遍事物的本质的超越和谐，与普遍现象既有和谐又有不和谐之间的关系？从伊斯兰教立场上看，答案大概是发展变化的结果，而不是事物之本质的必然。还有，既然现象世界只是虚幻存在，而不是真实存在，所以，所谓和谐与不和谐，也要从两个不同的角度来理解，即，从造物主的角度来看，这不是一个真实的问题，它只是事物的幻象，而非真相；从被创造的普遍现象的角度来看，则是一个真实存在的问题。所以，追问“真”与“幻”之间的关系好像没什么意义。而且，还是从伊斯兰教立场上看，这些问题，实际上只是信仰问题，而不是理性探讨的问题。所以，剩下来要做的事情，就是秉持信仰来建构现实和谐，防止不和谐，要做好这件事，也只需关注过程，而无需深挖本质。

（三）功能和谐：价值存在的协同共谋

刘智有关“万物全美”的和谐构想中，突出了存在事物的功能，认为存在事物因功能而全美，因功能而和谐，这是因为，不同的事物有不同的功能，是不可以相互取代的，但在协调互补基础上，它们却构成了一个完备的功能价值体系。值得注意的是，刘智还认为存在事物间有着某种功能

---

① 蒋敬编译：《伊斯兰学》，非正式出版物，2000 年，上卷，第 142—143 页。

上的依赖关系，即每一项功能（事物）都依赖于他项功能（事物）的存在，同时也为他项功能的存在提供根据，这是因为，存在事物在功能上都有全与不全的问题，实质是功能得以正常充分发挥的条件问题。而存在事物功能能否得到正常充分发挥，又直接关涉到存在事物的价值实现问题，关涉到事物存在的合理性与存在意义问题。世界上的事物千差万别，功能也理应无限多样，列举每一事物的每一项功能是不可能的，也没有必要。但是，根据伊斯兰教的功能理论，大体上可以看出造物主、人及其他被创造物的功能，即，造物主的功能是创造、维持（主宰）万物，并在末日来临时充当审判者；人的功能对于造物主而言是认主，对于其他被创造物而言就是“成物”，即使物各尽其用；其他被创造物的功能则是为人所用。至于存在事物的和谐，就寓于所有这些功能的正常充分发挥上。我们知道，现实世界中，和谐不断被达致，也时常被破坏，这要按照刘智等人的想法，或许应该理解为功能发挥上出现了问题，就是说，事物的功能或者未能得到正常充分的发挥，或者出现了某种紊乱，或者干脆发挥了负功能。这样，达致存在和谐的有效手段，就当从功能上入手，使每一事物各安其位、各尽其能、各得其所就可以了。

（四）差序和谐：神圣秩序的想象安排

伊斯兰教的和谐存在思想把存在视为某种差序格局，认为其中体现着造物主的绝对意志，是神创造安排的结果。其实，这是人们（宗教信仰者）自己想象安排的结果，这是一种宗教有神论的想象安排，是一种对存在事物秩序的“神圣”构想，在此基础上，自然也不忘为其寻找有神论的解释或论证，或为其设计理想的存在模式，包括和谐的存在模式。伊斯兰教对存在事物之差序格局的坚持是认真的、严格的，从大的方面看，他将存在事物从造物主到被创造的人类再到其他被创造物，分成三大差等序列，其中，最突出的是造物主，其次突出的是人，同时也没有忽视其他存在事物。这是一个突出差别的差等序列，只强调层级之差，上下之别，而不强调优劣，因为所有事物都是造物主的化身，都同质同构。与此同时，这样的差等序列也不是价值序列，因为，从前述功能价值理论中，我们注意到，存在事物各有其功能，相互间不能取代，其意义只体现在各自特有的时空条件中。价值有不同，但无大小。这里要指出的是，伊斯兰教的一般存在的差序格局思想与其社会等级思想是有很大不同的，后者受社会等级制度与意识影响，并不是平等地看待所有的人。

第二章　传统回族伊斯兰教论和谐人生

传统回族伊斯兰教认为，人生是复杂的，布满危机与博弈，因此，告诫人们要为实现和谐人生而努力。马开科在《大化总归》中讲道：“顾天地覆载乎人，万物滋养乎人，光阴位置乎人，而人之必有一真德者，本主宰重视乎人，借以显此全体大用之真造化耳。则人之重，非重此真德哉?!奈何有以己私扰其德而使真者混其真，以世欲攻其德而使真者失其真，不几负天地覆载，万物滋养，光阴位置之洪恩，而又何以为主宰显此全体大用之真造化哉?!”又：“世有庸愚者流，为嗜欲所累，己私所碍，气禀日拘而天理晦，情伪时出而真心隳（音‘辉’）。”① 人生到处都有天理（真德、真心）与人欲（己私）的斗争，是不和谐的，所以，才有了和谐人生的思考。尽管如此，传统回族伊斯兰教还是坚信，由于人是造物主的化身，有“真德”作依靠，而人性根本为善，所以，只要高扬制衡理性，最终战胜人欲之私，坚守天理之公，实现和谐人生，进而达到人生的极致境界——人主合一，是完全可能的。传统回族伊斯兰教的和谐人生思想，以存天理，灭人欲（灭人欲为恶的倾向），追求“人主合一”为主要内容，倾注其热情于知性人生，并致力营谋于提升人的精神品味，强调积极的人生，有一定的积极意义。

---

① 〔清〕马开科：《大化总归》（为《大化总归·四典要会》合印本），马复初校订，中华民国十一年（1922）刊本，上卷。

一、和谐人生的事主：人与人性

在伊斯兰教的想象安排中，和谐人生的神圣设计者与缔造者，并不是人，而是万能的造物主，然而，作为造物主的神圣秩序的代治者——人，却是最大的当事人，是最大的事主。人是和谐人生的具体营谋者，也是根本的受益者，于此引申开来，才有普遍的和谐存在，即全体被创造物的和谐存在。人是什么？回族伊斯兰教称人不仅为“人”，且为“人极”，兼取“无极”（“道”、“理”）而“太极”（“气”）而“人极”（“理”与“气”一体）之义。《大化总归》讲道：“尝观自古及今，书籍所载者多矣，要皆言人为天地万物之灵。其灵维何？盖人之身，为万形之粹；人之性，为万灵之纲；人之命，为万理之元；人之形，为万象之全。所为道之总局，统于人，而其人实道中之果也。”① 王岱舆又讲：“缘夫人之身，有形神，而心亦有色妙。人之身，乃天地万物形色之精微；人之性，乃天地万物本来之枢极。而心之色，又是身之拔粹；心之妙，又是性之玄机。”② 人是所有被创造的存在物中的精华与极致，所谓“人极”者，即此义也。《大化总归》又讲道：“《妙喻经》云：‘人也者，道之显象也。’又云：‘大道无形，人为其形；大道无象，人为其象。’又《理学真宗》云：‘道乃无象之人，人乃有象之道也。’所以身为大道流行之身，性为大道流行之性，心为大道流行之心，为表为里，皆道之所贯注而成者也。”③ 人是道的化身。存在之大，除造物的真主外，莫过于“无极”、“太极”（即“道”，在宋明理学中，“无极而太极”以及“道”，均为宇宙的最高本体）、“人极”，人是全占，所以，人之为“极”也，无可争议矣！

根据回族伊斯兰教的存在论思想，所有被创造物，都是由“理”和“气”两大根本要素构成的。《大化总归》讲道：“造化之初，有理有气，

---

① 〔清〕马开科：《大化总归》，上卷。
② 〔明〕王岱舆：《正教真诠》，第60页。
③ 〔清〕马开科：《大化总归》，上卷。

理付乎气，天地所以成形也。理不可无气，亦犹气不可无理。人之来时，由理之气，由气以成形，及其归也，由形还气，由气而达理。”[①] 所有被创造物，都是先有其理，而后有其气，理气结合，始有万物。对于人而言，理即为人性。而所谓“归”者，是指人的精神回归，即在精神上回归造物主，也与“理”和“气”有关，但先后顺序相反。由“理”和“气”两大根本要素结合而成的人，具体又是由身、心、性、命四个部分构成的。其中，“身”是由气变化而成的，“心”和“性”则是由理变化而来的，“命”则有两个基本含义，一是指造物主向人下达的各种命令，一是指由此而“前定”的人的命运。体现着造物主绝对意志的“命”亦是人的有机组成部分。王岱舆引用中国儒家的话讲道：“故子贡曰：‘夫子之文章，可得而闻也。夫子之言性与天道，不可得而闻也。’及其孙始言‘天命之谓性，率性之谓道。’二句乃理学大原，惜难透彻。”[②] 王岱舆将引文中的“天命”，解释为造物主的命令，并继续就“命”与“性”的关系发挥道：“先天为命，后天为性，命乃种子，性乃果子，命非性不离于性，性非命不离于命。非命则无性，非性则不全矣”[③]。包括人性在内的人的一切，都跟造物主的命令有关。造物主在创造人类之初，就已决定了人的一切，不通过其命令，是不会有人类存在的。

刘智对于人的“心”和“性”的含义及其关系，又有另一番解释。他在《天方性理》一书中讲道：“性理未分之先，只此一心。心也者，无方所者也。性理既分之后，不名心而名性。性自理世而趋象世之时，无形无体而寓于心。心之妙体，空寂无外，而身内所有之心，心之方位也，性之所寓也。心之妙体，为性之先天；心之方寸，为性之寄属。方寸其后天也。先天之心，为性所分析之源；方寸之位，为性所显露之助。”[④] 传统回族伊斯兰教认为，世界有两种，一种是“理世”，这是由所有事物之本质构成的世界，一种是“象世”，即普遍的现象世界。在创世的过程中，亦是先有“理世”，而后有“象世”，且“象世”是由“理世”派生出来的。

① 〔清〕马开科：《大化总归》，上卷。
② 〔明〕王岱舆：《正教真诠》，第54页。
③ 〔明〕王岱舆：《正教真诠》，第55页。
④ 〔清〕刘智：《天方性理》，卷四。

刘智所说的先天之心，又名“真心”，其实这就是人性本身。这个“真心”即是作为宇宙万物之最高本体的“道”或“理”（“性即理”），人性（以及其他物理）就是由此派生出来的。人的后天之心，则是由气变化而成的，是用来安置或寄托人性用的。前面引文中王岱舆所讲的心之“色”与“妙”，表达的亦是类似的意思，此外，他还表达了“心”为人的“精致版”的意思。

传统回族伊斯兰教认为，人的本质就是人性，而人性亦有其复杂的构成。首先从生理与道德功能上，人性有“六品”之说。刘智讲道：“本性者，本乎先天之所分与，而无美不备者也。其性与后天气性、活性、长性、坚定之性相浑为一，但其显也，有先后之分。后天四品，以次而先显。此一品显于其最后。本性与继性与真宰之本然，有次第而无彼此。由真宰之本然，而有继性；由继性之分与，而有本性，是其所为次第也。”① “本性”即人性，即“真宰之本然”，即人所“分与”之性，只是由于有显现层次上的分别，而有坚定、长、活、气、本、继之六品，其中，坚定、长、活三品，与人们后天生理上的成长过程有关，气与继性则是构成人的两大根本要素，因为后者非他，乃是能够派生（“分与”）普遍事物之本质的世界的本体——理（取宋明理学“性即理”之义）。刘智还认为，人的本性被赋予了造物主的知能，“万理具足，万事不遗，万物皆备。”② 于是，如何使本性尽显其内涵，也就成了人之成就自己（“成己”）的关键所在。

其次从道德养成角度上加以评判，圣贤智愚之人有不同的人性。“至圣性”为穆罕默德所具之人性，以造物主的知能为知能（“浑同知能”）；“大圣性”可以任意使用造物主的知能（“任用知能”）；“钦圣性”顺应造物主的知能（“顺应知能”）；“列圣性”弘扬造物主的知能（“显扬知能”）；“大贤性”希望能使用造物主的知能（“希望知能”）；“智者性”能够认知造物主的知能（“体认知能”）；“廉介性”能坚守造物主的知能；“善人性”能习得造物主的知能（“循习知能”）；“庸常性”则不可取，是

① 〔清〕刘智：《天方性理》，卷三。
② 〔清〕刘智：《天方性理》，卷三。

自以为是者（“自用知能”）。传统回族伊斯兰教认为，包括人在内的所有被创造物，其实都是造物主的化身，但是，之所以有后天道德修养程度上的差异，究其原因，乃与人们能否充分运用各自所被赋予的造物主的知能有关。人们被赋予的造物主的知能本来是平等的，但能否充分使用，是受限制而有差异的，而其限制性就体现为人性的限制。

总之，鉴于人是由“理”与“气”构成的，人性该含“六品”，且又分为所谓的“圣贤智愚”之不同的人性，所以，复杂而又充满着内在矛盾和对立的人或人生的和谐，也就成了题中之意。

二、和谐人生的博弈：天理人欲

每个人都有自己的内心世界，经验着善与恶的内在较量与博弈，也均在试图维持着某种内在的微妙平衡。传统回族伊斯兰教的本质论之关注人性，正反映了其对人们内在精神状态的重视。在这里，不禁有人会问：人作为造物主的化身，纯善的本质之中，如何会有恶出现，如何会有内心世界的矛盾和对立？对此，王岱舆的解释是：“善本原来，恶即新有。虽然，理亦有二焉：一乃自然之理，一为人情之变。”[①] 人性依据原有自然状况，本来是善的，社会上恶的现象之所以会发生，是人类情况发生变化的结果。那么，人情是如何发生变化的呢？最终自然取决于造物主的意志，即，正是在人的品性结构设计中，预设了变化的可能性。人是由“理”和“气”两大根本要素构成的，理为善理，固然不会发生变化，变恰恰是气的属性特征。理之不变性，源于其为造物主之“体”，体是主静的；气之可变性，则直接秉承了造物主的“用”，即“知”和“能”，用是主动的。至于气发生变化的方向，则又与气之“清”与“浊”有关。马德新讲道：“夫清浊之气，散乎天地之间，得乎气之清者为仁，气之浊者为不仁。”[②] 得天地间之清气者为仁，即是为善，得浊气者为不仁，即是为恶。善恶为

① 〔明〕王岱舆：《正教真诠》，第31页。
② 〔清〕马德新：《四典要会》，第56页。

人情之变的两大方向。

根据刘智的看法，现实社会中的人，除了少数“圣人”，都是生来就有“障碍”的人。他讲道：“天之所以为天，即人也；人之所以为人，即天也，无端而有障碍焉，我与真宰遂相隔而不相通。则人日在天之中，而不知天之切近也；天日在人之中，而无从得其相合。”天（“真宰”）与人（“我”）本来无分彼此，并且可以相合，却“无缘无故”地存在着障碍。之所以“无缘无故”，是因为，“处处皆本然，处处皆障碍。非处处皆障碍，处处皆自为障碍也”。所有的障碍都来自于人。“夫是以真宰无日不与我相通，而我无日得与真宰相通矣。不惟愚者有所障也，即智者亦不免焉；不惟智者有所障也，即贤者亦不免焉。”所有的“凡人”都有障碍，但又有分别，“愚人”的障碍在于身，因其有声色嗅味之欲；“智人”的障碍在于心，因其有闻见学艺之恃；“贤人”的障碍在于性，因其还没有达到化的境界，仍有“我之名分”。[①] 刘智的这个障碍论，强调的是现实社会中的问题，即在现实社会中，人往往受各种欲望拖累，致使本来纯净而善的人性受到蒙蔽。对此，马德新则从灵魂与肉体的角度讲道：“灵魂乃至妙至灵者也，但居此尘世，为身体所累，为嗜欲所窒，则不能尽其灵魂之所以然。”[②]“不能尽其灵魂之所以然”，即不能“尽性”之论也。

所以，现实社会中的人，必然时刻处于内心的矛盾和斗争之中。马德新将之归结为理与欲、公与私、义与利之间的矛盾和斗争。“清真教所言修身之事，明心之学，净性之功尚已，但所争者，不外理欲公私之间。”又：“何谓理？本乎天命之谓理。何谓欲？悖乎天命之谓欲。何谓公？本乎天命而有利于人者为公。何谓私？悖乎天命而有利己者谓私。”理欲公私的划分标准是“天命”，这是来自造物主的命令，对于人而言，“天命之谓性”，所以，天命也就是人性，所以，又有“天理”之称，而与之相对的是“人欲”，即来自人的肉体的欲望。人的应然之义是为天命、天理或人性而活着，这是传统回族伊斯兰教对人的道德要求，但人却“当然”为欲望所左右，这也是传统回族伊斯兰教对待人生的基本判断，因此，也就

① 参见〔清〕刘智：《天方性理》，卷四。
② 〔清〕马德新：《四典要会》，第63页。

难怪认为人和人生充满着内在的矛盾、冲突与斗争。“理欲不并立，公私不并行……乃知有理则无欲，无欲而能公。惟公而后不私，人品所由成也，性情所由判也，心术所由分也。”① 又：“是理之机甚微，微则易为欲所扰；欲之机甚危，危则难为理所制。”② 不过，也不是所有的人欲都是与天理相悖的。“且本乎天命即有利于己者亦谓公，悖乎天命即有利于人者亦谓私。”关键还在于如何坚守天命、天理或人性。“不准理以待己，焉能准理以待人；不本公以处身，焉能本公以处世，此所以日与私欲为缘，而不自知也。”③

天理与人欲是人的内心矛盾和冲突的核心内容，由此不仅衍生出公与私的对立，也体现为义与利的矛盾。“或者曰：君子尚义，小人尚利。义者天理之公也，利者人欲之私也。惟然，则天下违乎公理者，莫利若也。不知利亦有辨。如饥则谋食，寒则谋衣，利己之事也。故不食则必戕生，不衣则必露体，其负造物生成之意不少。”④ 人的思想和行为只要符合“天理之公”就是“义”，“天理”即“公理”；出于“人欲之私”则为“利”，逐“利”是悖逆公理的最大表现。不过，传统回族伊斯兰教也并不是一味地谴责私利，而是认为人有权追求合理的利，并且将之视为追求“理”与“公”的前提。“盖衣食自顾，以及疾病扶持，痛痒相关者，皆本天命而利己者也，是理之所见端，而公之所从出也，不得谓为己之私欲也。”不是“己之私欲”，视为公之私欲，可也。这样的私欲，“虽理得心安公以处众之圣人，亦不能免也。至若欲立立人，欲达达人，老者安而少者怀，四海家而万物体，并由是兴。苍生蒙乐利之庥美……万世仰纲常之建立，此其利之及于人者，至洪至大。”⑤ 追求私利必须处理好“人”与“我”的辩证关系：满足个人的利益要求，必须关照他人的利益需要。由此可以看出，回族伊斯兰教实际上是把个人的内心的矛盾和冲突，与人类社会中的矛盾和斗争结合而讲的，其中，理与欲是针对个人而言的，公与

---

① 参见〔清〕马开科：《大化总归》，下卷。
② 〔清〕马开科：《大化总归》，上卷。
③ 参见〔清〕马开科：《大化总归》，下卷。
④ 参见〔清〕马开科：《大化总归》，下卷。
⑤ 〔清〕马开科：《大化总归》，下卷。

私、义与利则是针对社会而言的，这样，个人的内在的和谐，因此也就成了社会和谐的前提和基础。

对于人或人生的内在不和谐问题，传统回族伊斯兰教不仅看到了理欲公私的矛盾与对立，还注意到了人们的另一种心理状态，即“疑”。“疑”与“信”对称，指的是对伊斯兰教信仰的怀疑。刘智讲道：“盖疑者离也，离于是者近于非；信者定也，定于纯者远于杂，疑信之关于天人性命者不浅也。”“天人性命”涉及人生和信仰两个有着紧密内在联系的大问题。刘智称“疑信累德”，意思是说，怀疑伊斯兰教信仰就会使人性受到拖累。值得注意的是，他认为这样的问题，与普通百姓（“愚人”）无关，是更高等级社会中存在的问题。“愚人不知用疑，亦不知用信，其疑信不足论。其多疑多信，而用其心于颠危之介者，大抵皆贤智之流亚也。”那是为什么呢？刘智回答道：“疑则危也，以疑为疑者，其为患犹浅，以疑为信者，其患更深，贤智之类，大都皆以疑为信者也。以疑为疑者，其疑犹可反之，而归于信；以疑为信者，其疑愈久愈深，而终无自反之一日也。”① 普通百姓虽然有可能离是近非，但他们以非为非，所以还有归于信的可能；更高等级社会中的所谓“贤智之人”则一旦以非为是，以杂为纯，就难以回归于信了，究其根本，乃“误用其聪明者之过”。

总之，回族伊斯兰教对人的内心世界或人生的根本看法，充满着重大的矛盾和冲突，也充满着困惑与疑虑，是不和谐的，这就注定现实的人生是一个处处都遭遇着博弈的人生历程，而绝不会轻松地度过。王岱舆的《正教真诠》专设“较量”一章，来揭示人生内涵。他讲道：“经云：‘尔等近主之至贵者，乃至计较也’。较量者，乃诸事必须正直，不使偏僻……不敢施于违命之地是也。若非礼勿视，必须正视；非礼勿听，必须正听；非礼勿言，必须正言，斯感恩之谓矣。”② 愈是有信仰的人，愈是计较，即愈是较量，而更识博弈之滋味。我们由此而得知，回族伊斯兰教的和谐人生思想，讲的乃是较量（博弈）中求和谐。

① 参见〔清〕刘智：《天方性理》，卷四。

② 〔明〕王岱舆：《正教真诠》，第115页。

三、和谐人生的善果：人主合一

在现实社会中人的善恶问题上，传统回族伊斯兰教尽管也强调人为自由，但其根本立场是信仰造物前定，认为无论是善人还是恶人，最终都不由他（她）们自己决定，而是被造物主早就安排好了。不仅如此，传统回族伊斯兰教还特别指出，造物主的前定神秘莫测，人们无法得而知，甚至也不允许探而知。在这种绝对信念之下，每个人要做的，就是以积极的态度面对人生。王岱舆讲道："经云：'前定乃大海，凡人探之，必被其溺矣'。"① 相信前定是无条件的，积极面对人生也是无条件的，除非放弃自己，并且被造物主所抛弃。人最终不是借助冥思苦想来认知自己的命运，而是通过积极的行动来把握、验证自己的命运。为自己的命运整日发愁是没有用的，为自己的命运行动起来才有意义。所以，王岱舆讲："有生以来，不经劳苦，而便为圣为贤者，未之有也。"② 伊斯兰教鼓励个人奋斗，它还有一个令人满怀希望的信条，这就是，只要信道而行善的人，一定会得到主的喜悦，而获得好的人生归宿。③ 而值得为之奋斗的人生目标，就是"人主合一"。

实现"人主合一"人生目标的重要途径，就是适当地控制人欲。只有克服了人欲中为恶的一面，人性中善的本事才能得到充分的发挥。这是因为，人性中原有两大对立方面，一个是天理的我，即善我；另一个是人欲的我，可善可恶的我。在人性六品中，善我指的是人性本身，即"理"；可善可恶的我指的是气性，即"气"。王岱舆称之为"真性"、"禀性"，并讲道："须知命各一种，其性有分，何也？曰'真性'也、'禀性'也。真性者出于命原，实先天之至理，倘能发露，忠贞不二，一心向主，弃天下如敝屣，视富贵如浮云；禀性者出于身体，本于四大。譬如劣马，利害

---

① 〔明〕王岱舆：《正教真诠》，第29页。

② 〔明〕王岱舆：《正教真诠》，第118页。

③ 《古兰经》讲："他确已创造了万物，以便必加以再造，以便秉公地报酬信道而行善者。"(10：3)

相关，在人用取，任其性，乱走胡奔；驯其性，冲锋破敌。”“四大”指生成事物的四种基本元素，即气（风）土水火，它们都是由气变化而来的。王岱舆的意思是讲，实现和谐人生的关键在于“驯服”与“气”有关的“禀性”，即驯服“禀性”中为恶的一面（不完全否定人欲）。只要做到这一点，天理（本来为善的我）与人欲（择善去恶的我）便可协调互动。人若果真能达致和谐，有限的人生也就进入到了一种永恒的状态，即“人主合一”的状态。

适当克服人欲的成功的标志，是人的“德性”（“继性”）的显现。对于人性中的这一最高品，刘智讲道：“本性与继性与真宰之本然，有次第而无彼此。”[①] 马开科讲道：“今夫原种者，真一始显之继性，千古万命之总会，全体大用之首显也。”[②] 马德新讲道：“人性，人人有之；德性，惟圣贤有之。”[③] 无论叫“继性”也好，还是叫“德性”也好，他们无非都是“真宰本然”的首显，也是所有人性的总来源，人就是靠着这一品人性，来实现其“人主合一”的目的的，可惜能够做到这一点的只有少数人，即马德新所讲的“圣贤”之人。本来人人所具有的“本性之内，万理具足，万事不遗，万物皆备”[④]，且“本性之知能不异于继性之知能，不异于真宰本然之知能”[⑤]，可以据以实现人主合一的目的，但这需经过一番修身、清心、尽性的修进功程才行，必须将人性修进至继性或德性的品位，才可以进入这一最佳境界。

传统回族伊斯兰教还称追求“天人合一”的修炼过程为“实践”。刘智讲道：“实践者，谓其与真宰本然流行周遍而无所不到也。”[⑥] 意思是说，现实生活中的人，其行为要处处以真宰的本然为本然，以真宰的知能为知能，实践就是以实际行动践行人的原本为善的人性。刘智又讲道：“本然流行于人之身者，有天秩天叙焉，所谓礼也，尽其礼即为实践其流行于身

① 〔清〕刘智：《天方性理》，卷三。
② 〔清〕马开科：《大化总归》，上卷。
③ 〔清〕马德新：《四典要会》，第57页。
④ 〔清〕刘智：《天方性理》，卷三。
⑤ 〔清〕刘智：《天方性理》，卷三。
⑥ 〔清〕刘智：《天方性理》，卷四。

之本然矣；本然流行于人之心者，有良知良能焉，所谓道也，尽其道即为实践其流行于心者之本然矣；本然流行于人之性，有全体大用焉，所谓真也，返于真即为实践其流行于性者之本然矣。”① 礼，即礼乘；道，即道乘；真，即真乘，这是伊斯兰教苏非主义者所倡导的修行法程，要求修道者通过遵守伊斯兰教功课（念礼斋课朝）以正身，通过潜心静修排除外界干扰以清心，通过尽显人之善良本性而尽性。刘智还讲道：“身正则其身为本然正面之镜，心清则其心为返照理世之光，性尽则其性为天人合一之理。”② 身正即能显现本性，心清则可致知穷理，尽性则德性尽显。又：“真忘者无我无他矣，无我无他则并泯其归之迹矣，泯其归之迹而乃可以为归真之妙境也。是则以无所修为修，以无所进为进，仍复以无所得为得，而乃可以无所归为归也，此全体归真之义也。”③ 全体归真，即人主合一。

关于“天人合一”，王岱舆还提出认主“三法”，即“知认”、“见认”和“续认”。所谓“知认”，就是通过学习伊斯兰教知识，观察宇宙万物的和谐存在，来体认造物主。王岱舆讲道：“夫正教之原，自开辟之初，乃真主自立，敕降天仙，传明命于阿丹人祖，代己立极，阐扬至道，首立纲常，而后有教焉。凡命人笃信者，莫非真理；命人力行者，莫非正务；其所禁者，莫非异端。……凡有志修德立善者，不由正教，虽竭尽心力，不足以克己是归真……故正教也者，论其始，则知自己之从来；论其终，则悟此身之归宿；论其法，皆指示成人之至理。”④ 伊斯兰教包含有自然、人生、社会的全部知识，即“真理”。所谓“见认”，则是通过反观人类自身来体认造物主，人为万物之灵、之贵，这种体认比“知认”更进一层。所谓“续认”，则是“克尽偏私自见，复全明德之源”，是“知以主知，见以主见，言以主言”，是人性尽显，德性全昭，所以，就是人主合一了。⑤ 还是一种尽性功夫。

---

① 〔清〕刘智：《天方性理》，卷四。

② 〔清〕刘智：《天方性理》，卷四。

③ 〔清〕刘智：《天方性理》，卷四。

④ 〔明〕王岱舆：《正教真诠》，第72—73页。

⑤ 参见〔明〕王岱舆：《清真大学》，第238—240页。

四、和谐人生的特征：回归本真

传统回族伊斯兰教认为，完整的人生是有来有回的。“来”有两义，造物化人是来，来至今世亦是来；“回”亦有两义，回归造物是回，离开今世而进入来世亦是回。对于每个人而言，经历死亡而进入来世都是注定的，但不是每个人都能回归本真，只有今世为善的人才能，为恶的人则不能。人生结局也截然不同，善者进天堂，恶人下地狱。回归本真因此是对人的必然要求。所谓“回归本真”，传统回族伊斯兰教称之为“返本归真”，是讲造物化人，人则必返归造物主，与“人主合一”具有相同的含义，均是追求人或人性的本真，即纯善无恶的人性，而不是与造物主同为一体。不过，从和谐角度看，造物主以其绝对的超越性，是超越和谐的，人则不然，“人主合一”或“返本归真”乃是人生和谐的最高义，是人的主观精神中的天人浑同，是超越有限而进入永恒的人生和谐。

（一）和谐是人的精神寂然

传统回族伊斯兰教的和谐人生思想，强调道德养成，也推崇“圣人”，并像宋明理学一样，走的是学圣人、尽德性、明明德的人生修养之路，追求的是寂静无为而无所不为的人生境界，所不同者，在于传统回族伊斯兰教“圣人”的凭借不同。儒家圣人以天理为最终依凭，传统回族伊斯兰教的圣人，则更进一层，以造物主为最终依凭。刘智讲道：“天地上下，人物表里，皆本然之所流行也。而惟圣人能实践以趋其境，圣人以继性为性者也。继性者，浑同于真宰之本然。惟浑同，故能实践之也。……先天之浑同，浑同于虚寂；后天之浑同，浑同于实践，实践与虚寂非两境也。实践之所在，即虚寂之所在。”[1] 圣人“以继性为性”，“浑同于真宰之本然”，这是他们的最大凭借。不仅圣人以此为凭借，其他人也以此为凭借，条件是只要认真学圣人就可以了。至于刘智所讲的“实践之所在，即虚寂

① 〔清〕刘智：《天方性理》，卷四。

之所在”，“虚寂”指“真宰本然”的状态，也指“实践”的化境寂然，即要求修道者要修到无所修，将实（现实世界中所有实的事物）化为虚，将动（现实生活中一切动的作为）化为静，无所为而无所不为，其实就是伊斯兰教苏非主义者典型的修道方式，该方式讲究冥思默想，返观自性，认己而认主。

（二）和谐是人的生命升华

人的生命是有限的，但是，人类似乎都有某种无限的追求，冀求超越有限而达致无限。至于如何做到这一点，不同的文化，有不同的做法。佛教的做法是超越轮回，涅槃永恒；道教追求羽化成仙，长生不死；传统回族伊斯兰教则认定人性是不死的，来世之人是永恒存在的，但生命的质量和幸福的指数是不一样的，有的人进天堂，享受真正的幸福；有的人下地狱，遭受不尽的痛苦，而果报之原因，是人在今世的善恶行为。王岱舆讲道：“经云：‘今世乃后世之田，栽花者得花，种棘者成棘’。故曰：‘肩担荆棘亲樵采，体着绫罗自织机’。”① 每个人都会因为今世的作为而收获来世的结果。来世幸福是人们今世生活的动力，推动人们在今世做善人善事，而落实到实处，就是要人们存天理，灭人欲（为恶的人欲），其善果即天人合一，即将有限的“我”融入到无限的“他”（造物主）之中，将短暂的人生升华到永恒的境界，以此获得两世吉庆。黑鸣凤讲道：“大世界始于无称，小世界终于无我，天人一致即最初无称矣。”②“最初无称”，就是在人的主观精神中，人与造物主“浑同”为一，人的生命则在最佳的和谐状态中，实现最大的超越，获得最高的意义。

（三）和谐是人的价值完善

社会和文化生活中的每个人，都盼望着能活出一个具有完善价值的人生。像中国的儒家一样，传统回族伊斯兰教所崇敬的具有完善人格的人（名之曰“完人”），也是“圣人”，并模仿人们对待孔子的做法，称伊斯

① 〔明〕王岱舆：《正教真诠》，第142—143页。

② 〔清〕刘智：《天方性理》，卷四。

兰教的创始人穆罕默德为“至圣”。毫无疑问，“圣人”也是和谐人生的最大楷模。王岱舆讲道：“经云：‘未有天地万物时，首先造化至圣之本来’，即所谓无极也。……遵真主之明命，三要全备，万行具足，神化无极，赖及宇宙，宣正古今，诚所谓括天地而理万物者，乃正教之至圣焉。”[①]“三要”指“天命”，即造物主的命令；“天理”，即包括在人性之中的道德良知；“圣治”，即穆罕默德这位“圣人”的言与行，亦是人们所效仿者。穆罕默德精神（本来）就是宇宙万物的究极本体——无极，这是一个纯善无恶的存在理念，也是所有为善之人性的总来源，所谓“继性”、“德性”指的就是这个理念原型。[②] 王岱舆还讲道：“清真证圣，乃极大正事，不证圣者，为无以妈纳。”[③]“以妈纳”现多译为“伊玛尼”，指伊斯兰教信仰，通常称之曰“正信”；“证圣”是确认穆罕默德为主的使者，是伊斯兰教信仰最重要的条件之一。现实生活中的人，虽然成不了“圣人”，但只要学圣人，尽德性，明明德，也可以像“圣人”一样，进入人主合一的境界，由此实现具有完善价值的人生，而这又必然是一个充满和谐的人生。因为，伊斯兰教认为，人之被创造的最大价值，就是认主，人主合一则是认主的最高体现。

（四）和谐是人的道德要义

传统回族伊斯兰教认为，造物的真主集真善美于一身，用拟人的眼光看，他是存在之真，道德之善，品行之美，由其化生而来的人，所以也本善无恶，即人性为善。伊斯兰教还信“善恶赏罚”，认为造物主喜悦并奖赏的人的两大品行，是信道而行善。《古兰经》这样的经文有很多，如，“信道而且行善的人，真主应许他们得享赦宥和重大的报酬。”（5：9）“他确已创造了万物，而且必加以再造，以便他秉公地报酬信道而且行善者。”（10：4）“信道而且行善者，将蒙主的允许而进入那下临诸河的乐园，并永居其中，他们在乐园里的祝辞是‘平安’。”（14：23）“至于信道而且

① 〔明〕王岱舆：《正教真诠》，第38—41页。
② 参见〔明〕王岱舆：《正教真诠》，第39—40页。
③ 〔明〕王岱舆：《正教真诠》，第40页。

行善者，将在一个胜地，感觉快乐”（30：15）。造物主在末日审判时，会让行善的人进入美好的“乐园”（即“天堂”），经文的用意很清楚，就是激励人们信仰伊斯兰教并广行善事，不做恶事。所以，“善”字是一个可以概括或论定人的一生道德生活行为的重大范畴，而和谐人生所追求的，亦不外是一个“善”字，所以，“和谐”就像“善”字一样，也是人类道德生活中的一个重大理念。

第三章　传统回族伊斯兰教论和谐家庭

近代以来的研究表明，在人类漫长的原始社会，并没有作为当今社会基本存在方式的家庭。家庭是原始社会后期，在氏族制度的基础上衍生出来的。家庭自从出现以来，就承担了人类繁育后代的基本功能，成为人们生活的核心，以及社会存续发展的基础。传统回族伊斯兰教虽然认为家庭是造物主意志的体现，为神意安排的结果，但是，却同样秉持“家和事兴”的和谐理念，认为家庭和谐（夫妇和谐）是自然与社会和谐（万物和谐）的基础，从而主张人们要过婚姻生活以协调两性关系；要全尽父子兄弟之义以完成家庭礼教；要慎重民用日常之事以确保家庭和谐发展。

一、和谐家庭之婚姻：性之护航

中国儒家讲食色性也，认为饮食男女为人类的基本属性，是人类的基本续存法则，是不可以被否认的。但为性（男女之性）有道，亦是普世的道理。之所以为性要有道，是因为，性还是致祸之源，这也是人类的共同忧虑。而人类之婚姻制度的形成和家庭制度的产生，在很大的意义上正是为了防止“性祸”，为了使男女之性的关系处理得规范和谐。这些道理，在传统回族伊斯兰教中毫无例外地都得到了体现，并且还有其自己的内容特征。

传统回族伊斯兰教谈男女两性的分别，是从本体论高度立言的，并体现着造物主创造人类的目的性。王岱舆讲道："人极者，体无极之理，继太极之用，化而为夫妇，非夫妇则无君臣父子。是故正教结婚，乃真主明命，违此者逆矣。所以寒不能生寒，热不能生热，惟寒热能生寒热，此阴阳之化机也。"① 传统回族伊斯兰教的宇宙生成思想，由于受中国程朱理学影响，在坚持造物主创世说的前提下，也主张性即理即太极（无极而太极），视人性为宇宙的本体，并认为世界的生成过程是由无极而太极、阴阳、五行②、天地万物。王岱舆的意思因此是讲，造物主把人分为男女，配为夫妇，其目的是要使人类能够自为变化，自行繁衍。这是作为事物变化的普遍规律的阴阳之道在人类中的体现。不仅如此，由于人性被视为世界的本原，所以，体现在人类之中的男女两性和谐，也是自然宇宙与人类社会普遍和谐的根本体现。"所以乾坤交泰，万物咸亨，造化之根，发育之理，弘道兴伦，三纲五常，亘古不息，莫不由夫妇而立。"③

正是基于这样一种想象推论出来的"正当合理性"，王岱舆对于现实社会中存在的禁欲现象批判道："若夫孤阴寡阳之辈，上违主命，下背人伦，出自阴阳，妄思超脱，毁本塞源，愚而自用，其与火里求冰，水中捞月者何异哉！彼以绝灭不生为正，然则天地之主何以化生男女，以传人类?"每个人都是阴阳交媾的产物，现实生活中，却有人不要家庭，不事生育，这是有违阴阳之道的，因而也是有违造物主意志的。又："又言夫妇之道本为淫欲，皆非正派，彼亦自淫邪而生……止人婚娶，纲常尽绝，其意竟欲扑灭人类，而让天下与禽兽其可乎！大观天地人神，细及昆虫草木，有情无情，未有不得阴阳而亨利者也。若夫当体之精气，既济者则和，盛衰者则病，缺一者则死，兹即当体阴阳不齐之验，又何况夫妇之缺略哉。"视正当的男女之性为"淫邪"，也不是"正派"的做法。如果真的禁绝男女之性（婚姻），人类就会灭绝。更何况现实生活中，也不乏独身男女滋生有伤风化之事，究其原因，就是不守阴阳之道使然的。"常见孤阴寡阳之辈，形容枯槁，心意千歧，不正之念丛生，失节之事多有，皆

① 〔明〕王岱舆：《正教真诠》，第67页。

② 根据刘智的观点，实际为"四元"、"三子"，所谓"四元"是指气（风）、土、水、火，"三子"为金、木、活类。

③ 〔明〕王岱舆：《正教真诠》，第69页。

由阴阳失序故耳。”①

中国人似乎有一个共识，认为“万恶淫为首”。“性祸”泛滥，禁而不绝，又绝不会只发生在“孤阴寡阳”之间。现实生活中，凡为食色男女，均有犯淫作乱的可能，结果是家庭破裂，社会无安宁之日，是以宋明理学痛下“存天理，灭人欲”决心。传统回族伊斯兰教则把婚姻视为防犯性祸的有效措施。“经云：‘夫妇之道，乃两相护卫者’。即指此也。”婚姻范围之内，夫妻双方可以相互保护，不致发生犯淫作乱之事。据说，穆罕默德也讲过：“青年人啊！有结婚能力者，应该结婚。结婚最能杜绝淫事，保障贞操。”② 对于无能力结婚的人，穆罕默德要求他们，“可封常斋，斋能绝欲。”③ 王岱舆则向所有的人告诫道：“若夫邪色淫声，极能恶人。故曰：‘非礼勿视，非礼勿听。’大都轻见妇女，易动淫念，而有害真德，况终狎昵者，可不戒哉……经云：‘猛兽可尾，毒蛇可蹈，惟男女不可轻近也。’恶物只自伤身，妇女毒关心命，慎之慎之。”④“性祸”甚于猛兽毒蛇！现实生活中，伊斯兰教因此主张穆斯林妇女深居简出，蒙首遮身，与这一认识不无关系。王岱舆还举穆罕默德之女法土默的事迹以说教。据传说，法土默曾遇盲人而避，穆罕默德问其故，她回答道：“虽彼莫能见我，然我本不应见彼也。”⑤

同人类社会的一般做法一样，伊斯兰教将男女之性的合法性，严格限制在婚姻范围之内。在此范围之内，夫妻之间的性生活就不仅是一种权利，其作为“人道”，还是可以推崇的。据说，穆罕默德曾告诉男人们：“人间我最爱的，有三件事：女人，美香和礼拜。女人是家中之灯，是中馈〔闺〕领袖，是子女摇篮，是幸福乐园，是美德工匠。美香，能兴奋精神，怡人心肺，取悦天使。礼拜是种娱乐，使人心安理得，与真主交谈。”又：“穆圣来见他们（指那些议论是否可近女色的人。——引者注）说：‘你们说如此这般的话吗？指主起誓，我是最敬畏真主的人，但我封斋，

---

① 〔明〕王岱舆：《正教真诠》，第69页。

② 《圣训经》，民间出版物，无出版日期，中卷，第152页。

③ 《圣训经》，中卷，第152页。

④ 〔明〕王岱舆：《正教真诠》，第68页。

⑤ 参见〔明〕王岱舆：《正教真诠》，第68页。

也开斋；也睡觉；我娶妻，履行人道。违背我的道路者，不是我的教民'"。还有："穆圣说：'四件事，是列圣的欲行：知耻，用香，刷牙和结婚'。"① 凡是"圣人"，都不会拒绝结婚。既然视夫妻之间合理的性生活为"人道"，所以，如前文中所述，王岱舆便认为男女（夫妻）之性的和谐是广大自然与人类社会和谐的集中体现，是一件具有根本性意义的人事。

二、和谐家庭之伦理：家之常经

在传统回族伊斯兰教的"神圣秩序"中，基本的构想是，自然宇宙是一个伦理宇宙，人类社会是一个伦理社会，而在这整个伦理结构中，家庭伦理则又居于核心地位。刘智讲道："天地生人，德成于伦。五伦之礼尽，而生人之能事毕矣，天地之生义完矣。故五者，万物之本也……夫妇，为人道之纲，修此而后家道正，家道正而乡国正矣。故圣人之教，五伦至男妇始。"② 刘智借用儒家传统范畴中的"天道"和"人道"概念，用以分别指称伊斯兰教之教义教条与人类社会伦理生活中的法则，并认为，夫妇为"人道之纲"，而人道（即君臣、父子、夫妇、兄弟、朋友五典）为"万物之本"，均内在地包含着人类之家庭的重要性。刘智又讲道："天地生物之本，男女生人之本。男女之最初继主而立极者，阿丹也。阿丹，天下万世人之元祖也。腋生好娃，配为夫妇。故夫妇原出一体，生齿繁衍，互为配偶……由是婚姻有礼，男女有正，而生人之道，扩充于无尽矣。"③ 人类婚姻是造物主的神圣安排，人类家庭也不外如是。

（一）夫妇之道

传统回族伊斯兰教倡导的夫妇之道为夫爱妇敬，并以爱为主，以敬为

---

① 《圣训经》，中卷，第153页。
② 〔清〕刘智：《天方典礼》，张嘉宾、都永浩点校本，天津古籍出版社1988年版，第115页。
③ 〔清〕刘智：《天方典礼》，张嘉宾、都永浩点校本，第114页。

从，有传统夫唱妇随之义。伊斯兰教传说中的亚当（阿丹）、夏娃（好娃）不仅分别为男女两性的原型，作为人类的一对原始夫妻，他（她）们还是天下夫妻的原型，其象征意义为夫妻本是同体而生。王岱舆讲道："及其（指亚当。——引者注）熟寐，真主自其左肋，造化其妻，名曰好娲。所以夫妇之亲，本来一体，宜相敬爱。妇从夫出，夫乃妇原，理当听命。"①又："人者仁也，浑一未分，是为人极。一分为二，是为夫妇。人极原一人，夫妇为二人，一人者人也，二人者仁也。是故三纲五常，君臣父子，莫不由夫妇之仁而立也。"② 造物之初的人祖，还只是一个生物意义上的人，不成其为完整的人；有了男女之分，有了夫妇名分之后，才具备了完整意义上的人，因为，人的本质既是自然的，也是社会的。"仁"在中国儒家哲学中属于社会伦理范畴，且居于核心地位，所以，刘智视夫妇为人道之纲。那么，什么是夫之"爱"？刘智讲道："夫尽其为夫以爱。其道五：教之礼法，以娴其仪；食之义粟，以洁其养；量丰歉，以示宽俭；严内外，以正闺阃；无伤毁，以永缱绻。"③ 为人夫之"爱"，乃是"爱护"的意思，即应该使自己的妻子衣食无忧，不受到任何伤害，并对维护"欢洽和顺，固结不离"的夫妻关系负主要责任。什么是妇之"敬"？刘智又讲道："妇尽其为妇以敬。其道五：言必遵夫；取与必听命；不私出；不外见；不违夫所欲。"④ 为妇之"敬"，乃是"顺从"的意思，唯丈夫之命令是从。为什么呢？答案是只有顺从才能尽享丈夫的爱。刘智对此解释道："真主以己之爱恶，寓于丈夫爱恶之间，见夫之爱恶，即见主之爱恶矣……夫因妇之顺逆而爱恶焉，主亦因夫之爱恶而爱恶之矣。是则见夫之爱恶，犹见主之爱恶也。"⑤ 得到丈夫的爱，也就得到了造物主的爱。

（二）父子之道

传统回族伊斯兰教倡导的父子之道是父慈子孝，并以父为尊，以子为

---

① 〔明〕王岱舆：《正教真诠》，第27页。

② 〔明〕王岱舆：《正教真诠》，第64页。

③ 〔清〕刘智：《天方典礼》，张嘉宾、都永浩点校本，第116页。

④ 〔清〕刘智：《天方典礼》，张嘉宾、都永浩点校本，第118页。

⑤ 〔清〕刘智：《天方典礼》，张嘉宾、都永浩点校本，第119页。

卑。刘智讲道："夫妇，生人之本也"；"父子，尊卑之本也。"在传统农业社会里，人们的尊卑意识很浓，刘智认为这都始于父尊子卑。他还进而解释道："父子定，则乡而长幼，国而君臣，由是而定矣。故圣人教人明尊卑自父子始。"① 父尊子卑的根据是父母代主育人，既是自然法则决定的，也是造物主的命令使然的。刘智认为父之"慈"体现在十个方面：谨胎教、命美名、开乳、报牲、防患害、严教训、择师董学、量才授业，及其长也，男婚女嫁。② 在子女进入成人年龄的整个过程中，父（母）亲必须尽全面的养教责任。传统回族伊斯兰教尤其反对父母亲重男轻女或重女轻男的做法，认为生男生女均是造物主前定的。"圣人曰：'勿以男喜，勿以女忧，惟男暨女，真主所寄命也'。"③ 子女只是造物主寄存其生命于父母那里的。子之"孝"也体现在十个方面：敬事而顺、洁诚而养、奉以亲身、执守良业、勤于学而敏于善、不危其身、不辱其名、奉父母于无过、亲在从其事、亲没守其爱。④ 刘智认为，子女的上述孝行中，关键在于一个"敬"字。"然其要在于一敬，余皆由敬生，依敬立，因敬成者也……盖敬于静，则无时不尽其心；敬于动，则无事不竭其力。敬于生前，敬于身后，扩而充之，事无尽量，时无终穷，皆孝也，皆敬也，人子庶几其无愧也夫。"⑤ 致敬则在于有学，失学为不孝之最。王岱舆讲道：伊斯兰教之所谓"绝后者，非绝子嗣之谓，乃失学也。何也？一人有学，穷则善身，达而善世，流芳千古，四海尊崇，虽死犹生，何绝之有？有子失学，不认主、不孝亲、不体圣、不知法、轻犯宪章，累及宗族，遗臭万年，无不憎恶。虽生犹死，何后之有？"⑥

（三）兄弟之道

传统回族伊斯兰教所倡导的兄弟之道是协义。刘智解释道："协者，

① 〔清〕刘智：《天方典礼》，张嘉宾、都永浩点校本，第115页。
② 〔清〕刘智：《天方典礼》，张嘉宾、都永浩点校本，第122页。
③ 〔清〕刘智：《天方典礼》，张嘉宾、都永浩点校本，第124页。
④ 〔清〕刘智：《天方典礼》，张嘉宾、都永浩点校本，第125页。
⑤ 〔清〕刘智：《天方典礼》，张嘉宾、都永浩点校本，第126页。
⑥ 〔明〕王岱舆：《正教真诠》，第92页。

共力同心之谓；义，则事理之宜也。言兄弟之所以尽其为兄弟者，不在务友于之名，而在并力同心于事理之所当然也。”① 兄弟为“同本之枝，并蒂之果”，“如手足”，相互之间虽是一种平等（比肩）关系，但是，“右先于左”，即按平常习惯，人们做事多用右手，所以，右为兄，左为弟，兄强弟弱，为兄要爱惜为弟。兄之道因此在于“宽容，而不嫌弟之不足；在仁爱，而不忌弟之有余；在体恤，不以繁重累之，而伤其筋骨；在涵养，不以小忿与争，而破其情怀”。弟之道则在于“恭而敬，顺而安，循事而励，有屈而不愠”。② 总之，为兄要顾惜为弟，为弟要敬重为兄，兄弟之间务必团结和睦。刘智讲道：“人若知兄弟实为一体，分为二身也，则无不和睦之兄弟矣。人若知兄弟虽有二体，而实为一亲身也，则无不敬爱之兄弟矣。一体之中，可无包容惜爱乎？一体之中，肯相凌渎毁伤乎？”③

伊斯兰教非常看重宗教信仰认同，以“穆斯林皆兄弟”相互勉励，从而将血缘兄弟之情演绎成为道缘教友之义，于是乎，穆斯林所在之处，所到之处，天下也就如同一家了。王岱舆讲道：“溯稽上古人民，原系同宗一道，浑然朴略，并无彼此殊分，直因离散渐远，迁徙万方，以至异端傍起。故此别户分门，顿忘原始。惟我清真，不昧本来一脉。故云：‘天经乃尔鼻祖，正人皆尔弟兄。’此即同宗一道之明谕耳。”④ 按照伊斯兰教的宗教传说，人类均为阿丹子孙，血缘上也本来同宗一脉，只是后来随着人口日繁，人们不仅在地域上渐行渐远，在文化上也丰富多样，所以，能够与穆斯林称“兄弟”者，也就只有穆斯林了。“穆斯林皆兄弟”虽然为某种比喻说法，但所表达的伊斯兰教的内在信仰认同，现实生活中却为穆斯林所广泛看重。在穆斯林这个“大家庭”中，是否也要以兄弟之“协义”共勉呢？此一段内容，固然已超出一般家庭伦理范畴，权且缀于“和谐家庭之伦理”一节之末，作为“常经”，供读者诸君驻目善意而思了。

---

① 〔清〕刘智：《天方典礼》，张嘉宾、都永浩点校本，第140页。
② 〔清〕刘智：《天方典礼》，张嘉宾、都永浩点校本，第140页。
③ 〔清〕刘智：《天方典礼》，张嘉宾、都永浩点校本，第143页。
④ 〔明〕王岱舆：《正教真诠》，第99—100页。

三、和谐家庭之日用：俗之齐治

伊斯兰教所关心的家庭，自然是穆斯林家庭；也正是受伊斯兰教及其他因素影响，穆斯林的家俗家风有其不同的特点。甚至，即使就穆斯林家庭自身而言，也会由于地理环境和地方文化特点的不同，显现出百里、十里的差异。那么，传统回族伊斯兰教所倡导的家俗家风是什么样的呢？家俗家风固然体现在家庭的各个方面，但是，却更主要地寓义于“民常日用”之中，即家庭的日常生活行为之中。刘智讲道：“民常有四：曰居；曰用；曰服；曰食，乃生民日用之常需。第有合义不合义之殊，则有宜行不宜行之事。”[①] 正是出于对家庭的日常生活行为的“合义不合义”、“宜行不宜行”的解释、规定有所不同，传统回族伊斯兰教对穆斯林家庭的要求才有所不同，从而显现出自己的特点。刘智又讲道：“居、用、服、食，民生处世之常，贫、富、贵、贱一也；安、利、卫、养，真主命人之禄，智、愚、贤、不肖等也。人虽有贫、富、贵、贱之不同，而终岁营谋者，不过欲全此四者而已；主虽有恩、威、赏、罚之不同，而今世诞育者，不过公此四者而已。夫人得此常享，仰足以事父母，俯足以畜妻子，济己济人之功，赖以成全，讵复有余望乎哉？”[②] 人生之所欲者，只在居之安、用之利、衣之卫、食之养，人欲之所在即天理之所在，所以，民用日常关乎人的道德修行不浅也。

（一）居之安

居以求安为上，居安之道为近仁、执义、非其邻不宅。刘智讲道：“居近仁，专言卜居者，必择仁里而居也。处执义，则兼出处而言，簉仕必以义，不以其道得之不处也。非其邻不宅，谓既居矣，而邻非正人，则去之，以就于正也。近仁，则观法思齐，日进于高明矣。执义，则不为苟

① 〔清〕刘智：《天方典礼》，张嘉宾、都永浩点校本，第147页。

② 〔清〕刘智：《天方典礼》，张嘉宾、都永浩点校本，第152页。

禄，而致谨乎进退矣。非邻不宅，则洁身远举，不为秽俗所累矣。”[①] 居有居家、居官、安宅三种，原则是居家以仁，居官以义，安宅以正。

（二）用之利

用以取利为上，取与之道亦为仁与义。刘智认为，财利二字，为民所贪，亦民命之所寄，因此，要求取财以义。“财货取与，皆节以礼义，则无利欲之挠，而争端息矣。”对于普通的士、民、工、贾而言，“爱物利民曰仁，取与以道曰义”，对于为官者而言，则是“仁者，疏财以合众；不仁者，分众以聚财。”刘智反对搞苛捐杂税。他又讲道：“圣人之于民业也，最严交易而加利，恐欺弊由此起耳。”买卖宜诚实、公平、公正，不可“一、同类之物，兑换而有差；二、同类之物，借偿而有差；三、同类之物，当赎而有差；四、同类之物，因美恶不等，交易而有差。”[②] 亦是不取不仁之财，不义之利。

（三）衣之卫

冠服有常制，自然不可逾礼而行。《天方典礼》讲道：“服有常制，制有常级，非其位，不服其服。”刘智亦讲道：“冠服者，明尊卑、辨等杀、分中裔、别贵贱，圣人制之，垂天下万世而不容易也。”[③] 衣的作用，在于防御冷暖，遮蔽身体，但此所言，则超出了这一范围，而成了社会等级制度的象征之物，所以，体现了刘智思想深受中国传统礼制文化的影响。

（四）食之养

食以养性为上，因关乎性，其与居、用、衣相比较，意义更大。食养之道为善与洁。刘智讲道：“饮食，所以养性情也。以彼之性，益我之性。彼之性善，则益我之善性；彼之性恶，则滋我之恶性；彼之性污浊不洁，则滋我之污浊不洁性。饮食所关于人之心性者大矣。”万物皆有性，饮食

---

① 〔清〕刘智：《天方典礼》，张嘉宾、都永浩点校本，第152—155页。

② 〔清〕刘智：《天方典礼》，张嘉宾、都永浩点校本，第156—159页。

③ 〔清〕刘智：《天方典礼》，张嘉宾、都永浩点校本，第160—163页。

之物亦有性，人之饮食，不仅在于果腹充饥，而更在以性养性。刘智借“圣人”之言又讲道：“圣人曰：‘一口不洁，废四十日功。’”所以，在饮食上，伊斯兰教的规定格外细致，可食可不食皆有具体说明。刘智的《天方典礼》一书，也专门“分上下两篇。上篇言可食，下篇言不可食，分述详明，学者审之，勿谓一饮一啄之细，非成己成物之基也”。在不可食之物中，尤其是对酒和猪肉的禁忌为严格。①

刘智所讲的善行，虽是借助伊斯兰教的信仰提出来的，但是，由以上四个方面可以看出，他所说的居、用、服、食之道，不外中国儒家所讲的仁义二字。当然，这二字他已用伊斯兰教的信仰重新加以解释了。另外，对于包括履行天道五功和遵守人道五典在内的所有善行而言，关键并不完全在行为上，而是在心态上，即在是否具有“敬事”的心态上。“然敬者，事之本；事者，敬之用。心敬，而后事成；其事不敬，虽事犹不事也。故敬以事君，则忠；敬以事亲，则孝。敬于视、听、言、动之间，则循规蹈矩，自不至无所持循，而失于非礼矣。”② 是故，“敬则无往不善”。

四、和谐家庭之法旨：家和事兴

毫无疑问，历史文本中体现出来的回族伊斯兰教的和谐家庭思想，是相当传统的，有些内容已落后于时代精神，但也有许多内容在当今社会生活中仍不失取法价值。传统回族伊斯兰教的家庭和谐思想，虽然从有神信仰角度立论，并把神的意志当做最高法旨，但在此前提下，却也尊重人类婚姻、家庭以及男女之性的合理性，并向往家庭和谐，以“家和”追求“万事兴”，从而体现了其相当客观现实的思想品性。在此，我们必须指出的是，这里所讲的“事”，乃是一个全称式的范畴，指的是一切事物，一切事情，其中，与人有关的事自然是真切实在的，但与造物主有关的事却毫无疑问占有着中心大事的位置。至于其所期待于人之对待事物和事情的

① 〔清〕刘智：《天方典礼》，张嘉宾、都永浩点校本，第164—187页。

② 〔清〕刘智：《天方典礼》，张嘉宾、都永浩点校本，第31页。

态度，就是我们前面刚刚讲过的“敬事”，即以恭恭敬敬的态度对待一切事物和事情。之所以如此，是因为所有的事物和事情都是造物主的事物和事情，敬事的实质因此就是敬主，是对造物主的应有的态度。家庭和谐或和谐家庭的重要性，于此也就不言自明了。

具体地看，传统回族伊斯兰教的和谐家庭思想，具有以下主要特征：

（一）和谐家庭为有性和谐

人类是由男女两性构成的，这个基本结构决定了“性”以及“性福”在人类生命与人类幸福中的重要地位，人虽然不能仅为性而活着，但是，人类没有性就不能延续却是客观真理；同理，没有“性福”，人类幸福的意义也将无法得到全面的诠释，有“性”而无“福”，人类似乎也将失去“活着”（生命）的本能动力。当然，也正是由于有“性”也伴随有“福”，导致了人们追求“性福”上的贪得无厌，而性又往往是致祸之源，“性祸”于是成了人祸之大端。传统回族伊斯兰教的和谐家庭思想正是以极其现实的态度，反映了这些客观真实的情况。这一思想一方面告诉人们男女两性是造物主的有意安排，不予尊重是不可以的，但也直面与性有关的人类社会问题，所以，另一方面又主张人类必须有婚姻，以婚姻和家庭来为性护航，使人类能得以在性的问题上避祸趋福。婚姻家庭当然也是造物主创世构想“伟大计划”中的组成部分。无论如何，在回族伊斯兰看来，婚姻家庭与性是密不可分的，而和谐家庭也必然内在地包含着性的和谐。不和谐则不是应该有的状态，所以，是神人不与的。

（二）和谐家庭为有序和谐

追求有序，已成为人的一种本能。在人类的文化观念中，“和谐”与“有序”也是一对关系至为密切的词语，至少在传统回族伊斯兰教的和谐思想中，是可以作这样理解的。体现在和谐家庭思想中，传统回族伊斯兰教强调的是夫、父主导下的“家序”，大有“无序不成家”之意。家庭秩序是伊斯兰教“神圣秩序”的有机组成部分，体现着神的绝对意志，维护这一秩序是顺从主命，会得到主的喜悦，得到主的奖赏；破坏这一秩序则是违背主命，要遭到“天谴”。除了神意之外，构成人类家庭秩序基础的还有夫妇同体、父子同亲（同血缘）、兄弟同手足，有着天然的亲和力、凝聚力；既合情，又合理。而其维持如夫妇爱敬、父子慈孝、兄弟协义则在此基础之上顺势而有，天然成趣，是为家道。家“道”即家“事”，“敬”之一字在其中不可以不得到重视。尤其是对于子女而言，尽“孝”之“敬”非同小可，原因是“天堂就在父母脚下”。传统回族伊斯兰教强调家庭秩序的思想原则上是可以肯定的，但是，由于受传统的“男尊女卑”思想的影响而体现出来的夫权意识，已不符合当今时代精神，则是需要破除的。

（三）和谐家庭为有法和谐

作为一个全面关注人类社会生活的宗教，传统回族伊斯兰教在讲宗教信仰时，总是将之寓于人们的道德修养中来进行，并用宗教的教义教条规范信民的全部生活。王岱舆讲道：“凡有志修德立善者，不由正教，虽竭尽心力，不足克己而归真，犹鱼网之不能御寒也。是故正教也者，论其始，则知自己之从来；论其终，则悟此身之归宿；论其法，皆指示成人之至理。”① 伊斯兰教不仅告诉人们的前世后世，还指示今世做人的法则，而现实生活中的人，要想做一个有道德的人，就得按照伊斯兰教指示的法则去做。刘智也讲道：“道非教不明，教非法不立。夫道也者，天理当然之则也；教也者，示人循是则而行之者也；法也者，析理欲辨是非，规天下于无妄者也。”② 伊斯兰教包含道、教、法于一身，道是叫人明白事理，教是教人做事的道理，法则是保证人只做善事不做坏事的法理，所以，这里所讲的法，既指律法，如伊斯兰教法，也指道德法则。与构建和谐家庭有关的法也包含有这两方面的含义，如伊斯兰婚姻法、继承法（因其超出伦理哲学范围而没有包含在本文的论述之中），就属于宗教律法范畴，而本文涉及的夫妇、父子、兄弟、居用服食之道，则属于道德法则范畴。传统回族伊斯兰教正是利用这些道德法则，来规范并保证穆斯林过健康和谐有序之家庭生活的。

① 〔明〕王岱舆：《正教真诠》，第73页。

② 〔清〕刘智：《天方典礼》，张嘉宾、都永浩点校本，第34页。

（四）和谐家庭为有主和谐

其实，在我们的逐层论述中，传统回族伊斯兰教和谐家庭思想中的一个核心命题早就已经呼之欲出了，这个核心命题就是：一个和谐的穆斯林家庭必须是信仰造物主的家庭，用回族人的话讲，就是信仰真主的家庭。众所周知，人类社会自进入文明时代以来，家庭生活在人类生活中就已居于基础的地位，而家庭又是人之实现社会化的关键场所。传统回族伊斯兰教固然关注个人的信仰问题，但是，个人信仰又是怎么来的？答案是，在很大程度上是从家庭中得来的。现实生活中，伊斯兰教信仰一般属于家庭传统范畴，一个穆斯林家庭环境，往往能够保证每一个人生来就是穆斯林，这一般是没得选择的，家庭乃至邻里的社会化力量也是人们一般难以抗拒的。在家庭信仰生活中，父母亲是最好的老师，传统回族伊斯兰教对于慈父（母）的要求，就是要他们在信仰方面做子女的榜样。刘智所讲的“父母代主育人”、“父母其继真主而生人乎”，已经明白地告知天下穆斯林父母亲们，他们的最大责任，不仅是要把子女们养育成人，而是要把他（她）们培养成合格的穆斯林，使伊斯兰教（事业）后继有人，否则，是不算尽职的。在传统回族伊斯兰教看来，一个和谐家庭，不信仰真主，简直是难以想象的。

第四章　传统回族伊斯兰教论和谐社会

根据马克思主义的观点，人有双重属性，即自然属性和社会属性，但人的本质却在于社会属性。事实上，人是生活在社会之中的，任何人都无法脱离社会而生存，社会的本质因此也就决定了人的本质。世界上有关"狼孩"的发现完全证实了这一点。人类的道德从其根本义上看，也是一种社会现象，而不是纯粹个人的抽象之物，离开社会就无所谓个人的善与恶。而传统回族伊斯兰教所讲的和谐人生也是本着社会定义的话语来叙说的，个人道德的"真值"更是离开特定的社会"函数"就无法求得。所以，在传统回族伊斯兰教的和谐思想中，社会和谐才是其核心话题。还有，社会又总是处于发展变化之中，并且有大小之分，小社会（如回族这个小社会）不仅在不同时代有不同的特点，而且永远也无法摆脱大社会（如中国这个大社会）的影响。传统回族伊斯兰教的和谐社会思想所强调的社会存在方面的等级秩序，政治理想方面的圣贤治世，法律规范方面的伊斯兰道、教、法的功用，经济生活方面的仁义诚信等，以及其中所体现的秩序，即和谐以及和谐社会即善人社会、实现了伊斯兰道德和法治的社会、体现着公道和公平总原则的社会等精神，均无不透着人类中世纪与中国传统社会所推崇之和谐盛世的理想，诚然，其中伊斯兰教为其总的纲领。

一、和谐社会之社会结构：等级存在

人类社会的发展是不平衡的，人与人之间的社会地位也不一样，在传统封建社会中，统治阶级利用掌握的话语权，宣传他们优越的社会地位是其"成功"人生的体现，而地位低下的广大劳动人民群众，则由于"愚昧无知"而必须接受其统治。社会统治阶级还特别自许，他们自己的使命就是维护被冠以"礼"之名义的社会结构或制度，并以此来保证天下太平。回族伊斯兰教的传统教义虽然不是国家主流意识形态，却也体现了这样的思想意识，不仅如此，还从宗教信仰角度将之进一步地理想化为神意安排下的社会结构。神意即合理的。

（一）神意

传统回族伊斯兰教认识中的存在，是一个神意支配下的有序存在，世界的创造者亦是它的主持者和主宰者。王岱舆讲道："夫国有君、府有牧、州有守、家有长、世界有主，道一也。"① 国、府、州、家皆有主事者，推而论之，世界也必有一主宰，这是一种经验事实，是不证自明的。值得注意的是，王岱舆赋予这个主宰者以道德属性："真主至慈至公"②，"是必有一至尊之真主，行至公之赏罚。"③ 正是这个具有道德形象的主宰者又以造物主的身份，完全出于道德的目的创造了自然界和人类社会，并使之处于一种有序的运转状态之中。"真主造化了人神，并人所用之事物，因为试人之善恶也。"④ 造物主是因为要试验人之善恶，才创造了人及其他被创造物，这显然是一种道德动机，也符合其道德身份或者形象。

传统回族伊斯兰教认为，道德是存在的本质属性之一，有序也是存在

① 〔明〕王岱舆：《正教真诠·问答纪言》，余振贵点校本，宁夏人民出版社1987年版，第9页。

② 〔明〕王岱舆：《正教真诠》，第35页。

③ 〔明〕王岱舆：《正教真诠》，第222页。

④ 〔明〕王岱舆：《正教真诠》，第29页。

的本质属性之一。王岱舆讲道："缘天地体太极之形，人身体太极之理，天地即身，人形即心，观天地则知人身之至理；观人身则知天地之精微。因太极生两仪，两仪则化为天地，天地覆载，包罗万象。有草木而后有飞行，有飞行而后有人极，缺一不成世界；有人极而后有男女，有男女而后有夫妇，夫妇交合，孳生百骸。有生长而后有运动，有运动而后有灵明，缺一则不成身体。是故世间草木，助人身之生长；世间飞行，助人身之运动；世间圣贤，启发人身之性理。天人符合，理形不异，岂能缺一哉。"[①]又："若一概平等，则无高低贵贱，君臣父子，夫妇尊卑，无阴不能成阳，无小人不显君子。……自然之理。"[②] 在这个有序的结构中，人处于中枢地位，其他被创造物包括天地神鬼在内，无不是人的陪衬，人的体现。因此，在整个被创造宇宙中，就其与造物主的关系而言，也只能主要体现为主宰者与人的关系，这也是传统回族伊斯兰教伦理思想主要关注的一种根本关系。王岱舆还讲道："人也者，先天地而为万有之根源，体真一而为古今之定理；后天地万法归原，超万品始归真一。真一之次，万物之尊，莫大乎人。"[③]

传统回族伊斯兰教还认为，造物主为了使其创造的神圣秩序得到人们的自觉维护，便向人间启示了纲常名教。王岱舆讲道："夫正教之原，自开辟之初，乃真主自立，敕降天仙，传明命于阿丹人祖，代己立极，阐扬至道，首立纲常，而后有教焉。"[④] 至道就是造物主的最高意志的体现，三纲五常则是本着这一意志设立的，它由天仙传给人祖阿丹，于是，世间因道设教，人们始有了规范行为、协调关系、稳定社会秩序的力量。

（二）礼

传统回族伊斯兰教的神圣秩序观念中，除了神意，还突出了一个字，这就是"礼"字。如果说"神意"是其神学伦理的最高范畴的话，那么，"礼"则是其社会政治伦理的最高范畴。这一思想主要有两种来源，一是

① 〔明〕王岱舆：《正教真诠》，第 122—123 页。

② 〔明〕王岱舆：《正教真诠》，第 32—33 页。

③ 〔明〕王岱舆：《正教真诠》，第 64 页。

④ 〔明〕王岱舆：《正教真诠》，第 72—73 页。

现实社会客观存在的等级制度和不平等现象在其主观思想中的反映，一是我国传统政治文化的影响。众所周知，礼作为儒家社会的一种非常重要的政治伦理思想，集中地体现了君父统治的正常秩序，是辨明高低贵贱、上下左右、亲疏男女的封建宗法制度的总称。传统回族伊斯兰教所讲的“礼”，同其整个伦理思想体系一样，既有传统的伊斯兰神学内容，也有选择性地吸收儒家的思想因素，并且在维护传统宗法等级制度这一点上，与儒家大师们的立场是完全一样的，这是因为他们都生活在同一个社会背景之中，都受到同样的社会条件的决定，受到同样的阶级利益的局限，所不同者，只在于方式和手段：儒家是通过维护世俗政治法权，传统回族伊斯兰教则是通过维护宗教神权来达到他们共同的目的。

从儒家“礼”思想的整个历史发展过程看，他们往往根据不同历史条件的要求，有时从哲学角度，有时也从神学角度对之进行论证。传统回族伊斯兰教自然是从神学方面来完成这一使命。概括言之，传统回族伊斯兰教的“礼”作为其神学伦理思想的重要范畴，所集中体现的是真主、君父主宰或统治的正常秩序，是在整个宇宙范围内，而不仅仅是局限在人类社会中来辨明高低贵贱、男女亲疏等级名分的。因此，传统回族伊斯兰教的“礼”，可以被看做是扩大了其适用范围的并被神圣化了的儒家的礼。一言以蔽之，传统回族伊斯兰教所讲的“礼”代表的就是神圣秩序本身。王岱舆讲道：“必若君事上帝，臣事君，子事父，贱事贵，幼事长，概行叩拜之礼，尽使元首投地，轻重何以分，等威何以辨?”[①] 礼是用来辨等威的，传统回族伊斯兰教在儒家的礼之上又增加了造物主这一级等威。对此，我们决不可以理解为“一加一等于二”那么简单，因为，这等于为儒家的礼重新确立了解释原理或原则，是把儒家的礼移接到另一个异质文化体系之中。

传统回族伊斯兰教的“礼”既强调道德理论方面的规律性，也注重道德实践上的可行性。首先，礼在神意的关照下乃是一种绝对的、普遍的、永恒的社会规律，遵守礼则是从人们的本性发出的要求。王岱舆讲道：

① 〔明〕王岱舆：《正教真诠》，第90页。

"夫天有阴阳，人有贵贱……阴阳必不可缺，天地必不可同，贵贱必不可一。"[①] 又："'礼拜真主'，'礼拜君亲'。此自然之理也。中节之谓礼，礼其为人之本欤。"[②] 人有不等，事有不齐，以小事大，以卑事尊，这是极其自然的，如果人们都能顺从这一自然，也就是尽了人的本分了。其次，传统回族伊斯兰教的"礼"作为具体的道德规范，又具有很强的社会实践性。王岱舆讲道："若非礼勿视，必须正视；非礼勿听，必须正听；非礼勿言。必须正言。"[③] 又："是故在君亲，必须知贵不能自贵，长不能自长，有贵之长之者，自不敢安受至贵至长之仪，此君亲之真忠也。在卑下亦不敢希图宠幸，取快一时，以自紊其贵贵长长之礼，此卑下之真忠也。皆礼也，皆礼之至礼也。"[④] 天下人都讲礼的时候，这就是一个最理想的礼的社会。

传统回族伊斯兰教所讲"礼"的社会实践性，在王岱舆看来，首先体现在宗教实践中，在这方面，他把礼等同于伊斯兰教基本宗教制度（五功）之一的礼，他讲道："（五功之）二曰'礼'，礼者，朝拜真主，祝佑君亲，乃天理自然之节文也。……理括五行，义包万象，一躬两叩，每日五时不可缺也。"[⑤] 传统回族伊斯兰教的"礼"正是作为宗教功课才体现出比儒家的礼具有更强的实践（主要是指个人实践）意义，也得到了确切的落实。其次，传统回族伊斯兰教的"礼"的社会实践性也体现在穆斯林日常生活中，王岱舆又讲道："须知礼仪大略有四品，一一必须中节：凡遇平等，惟揖拜而已；见尊长，惟跪拜而已；事君亲，当以耳轮向地，侧身而拜；惟事天地人神之真主，始正面而拜焉。"[⑥] 由以上可知根于规律性的礼，当与等级制度同义，而源于实践性的礼，则可作宗教或社会礼仪解，但无论是哪一种礼，王岱舆都要求人们要"心持敬畏"，"发露于心"，此即所谓的"礼之理"。

① 〔明〕王岱舆：《正教真诠》，第32—33页。
② 〔明〕王岱舆：《正教真诠》，第83页。
③ 〔明〕王岱舆：《正教真诠》，第115页。
④ 〔明〕王岱舆：《正教真诠》，第90页。
⑤ 〔明〕王岱舆：《正教真诠》，第187页。
⑥ 〔明〕王岱舆：《正教真诠》，第90—91页。

传统回族伊斯兰教还认为，礼是人类社会所独有的，在社会行为中循礼而行也是独有人才能做得到的。王岱舆讲道："人有拜谢之礼，穷大本而分主仆，立纲常以别尊卑；在异类则无高下，无主仆，无长幼，无礼仪。"① 把礼之推行专责于人，说明传统回族伊斯兰教是非常关心现实社会之统治秩序的。

总之，传统回族伊斯兰教赋予礼以政治世界观高度这一做法，充分表明了其神学伦理思想的内在本质：这就是从神学角度，借助神的权威，来为现实社会中等级秩序的永恒性和等级制度的合理性提供论证；其强调礼的社会实践性，是要人们在推行礼的社会实践中经常接受礼的教育，经受礼的社会氛围的熏陶，培养一种心中有礼、行为循礼、唯礼为是的"礼"性人格，从而缔造一个以礼来维护、以礼来协调、以礼来使之长治久安的和谐之理想社会。

（三）圣贤愚

礼的观念和理想，既然是社会等级现象的反映，最终还必须落实到社会现实中来，这就是为这一等级现象作论证，并形成制度来维护它。社会划分为等级这一现实才是礼最主要、最真实的内容。传统回族伊斯兰教一般根据我国传统社会的通常习惯，把现实社会中的人分为圣、贤、愚三等（或更多），所不同者，是其还从造物前定说立场上，认为这一等级区分是神意的体现，在创造人类时就由造物主所决定。这一思想我们可以称做"天赋人格差等说"。王岱舆讲道："缘人之本来，同而不一，若沧溟弱水，清浊并流。盖有圣、贤、愚之三等。"② "是故未始有物之初，真主要造天仙神鬼，乾坤万物，自止一之余光显了万圣之原首，即穆罕默德无极之本原，乃一切妙明之始也。……爰自其命源之妙，显了灵觉之余光，遂以此造化了列圣之本来；自列圣之本来，造化了贤人之本来；自贤人之本来，造化了良人之本来；自良人之本来，造化了常人之本来；自常人之本来，

① 〔明〕王岱舆：《希真正答》，见《正教真诠·清真大学·希真正答》，余振贵点校本，宁夏人民出版社1987年版，第278页。

② 〔明〕王岱舆：《正教真诠》，第56页。

造化了迷人之本来；……但其高下皆由自成，并非有心使有先后优劣，然究竟不出主人之预定耳。”① 造物主在创造人性（本来）时，就已有了先后之分，这是人们后天划分为不同等级的造物根据，这一根据由于是神意的体现（“究竟不出主人之预定”），所以是人们自己无法改变的。王岱舆还讲道：“（真主）因其高者则高之，因其下者则下之，君子任其为君子，小人任其为小人，使万物各得其所，其至公之谓也。……夫至公至全当寄于不一之间，不然至公至全亦无所施设矣。何也？非不同则不显万全，非枉屈则不显至公。”② 这是在讲，世界本来就是一个多样化（不一）统一（万全）的世界，人也不能一概平等，造物主的安排则是最为公平、公正的，当然，也是最为合理的。由于造物的决定是人们后天无法改变的，所以，当人们带着这种先天的身份特征来到人世间后，对于“凡愚”之人来说，其结果就是：他们一生中无论怎样努力，也都将无法超越真主为其“前定”的等级位分，这就是“凡愚必不能似圣智”③。

当然，圣人贤者可以另当别论。王岱舆讲道：“圣智能若凡愚”④。“忘源自用，即化愚迷；存真克己，立为圣贤”⑤。忘却自己被创造的本源，自以为是，心中无主，这样的人，即使是圣贤，也会成为愚人。虽然愚人不能经修炼来提升自己的地位，圣贤却必须通过修炼来保住自己的地位，即“居至品，则尽忠舍己，诚中形外，个个可为圣贤。”⑥ “有生以来，不经劳苦，而便为圣为贤者，未之有也”⑦。可是，这种情况应是不会出现的，或者说仅是一种可能，因为，王岱舆曾说过：“贤者自贤，愚者自愚”⑧。真主的前定本来就是不容许有失误的。道德教育也就只对普通百姓有作用，“清真教法为凡愚，不为圣智”⑨。圣人贤者是推行伊斯兰道德的典范，固

① 〔明〕王岱舆：《正教真诠》，第25页。
② 〔明〕王岱舆：《正教真诠》，第30—31页。
③ 〔明〕王岱舆：《正教真诠》，第51页。
④ 〔明〕王岱舆：《正教真诠》，第51页。
⑤ 〔明〕王岱舆：《正教真诠》，第82—83页。
⑥ 〔明〕王岱舆：《正教真诠》，第120页。
⑦ 〔明〕王岱舆：《正教真诠》，第118页。
⑧ 〔明〕王岱舆：《正教真诠》，第52页。
⑨ 〔明〕王岱舆：《正教真诠》，第56页。

然用不着让教法来约束他们了。毫无疑问，以王岱舆为代表的传统回族伊斯兰教所主张的天赋人格差等思想，与儒家的“唯上智与下愚不移”观念是如出一辙的。然而，如果真的像儒家或传统回族伊斯兰教所主张的那样，在社会道德实践中，就会使人们失去自觉维护道德秩序的原动力，结果必然形成“上智”与“下愚”之间的不可调和的对立，这对社会统治反而是不利的。那么，传统回族伊斯兰教在理论上是如何克服这个困难的呢？王岱舆的做法就是把“前定”神秘化。他讲道：“经云：‘前定乃大海，凡人探之，必被其溺矣。’”① 这是问题的关键，世界上所有的人，包括圣人贤者，均不能真正把握自己的人生命运，因此，每个人都得在其一生中安于本分，侥存希望，兢兢业业。

那么，何为“圣人”?

第一，传统回族伊斯兰教谓“圣人”是指那些自人祖阿丹至穆罕默德在“受命行教”中有突出贡献者。刘智讲道：“自阿丹起，至穆罕默德止，其中受命行教而称圣人者，指不胜屈。但同是圣人，而其品第不同。约而计之，有四等焉：凡受命行教而有征兆者，均谓之曰圣人，如脱鲁忒、郁实尔是也；受命行教，有征兆而敕之以经旨者，则谓之曰钦圣，如施师、叶尔孤白、素来马尼是也；有受命行教，敕以经旨，而能因时制宜，损益先圣之典者，谓之曰大圣，如努海、易卜敕欣、母撒（犹太教创始人摩西。——引者注）、达五德、尔撒（基督教创始人耶稣基督。——引者注）是也；其受命行教，特受大典，总革前圣之经，为天下万世率由之准者，谓之曰至圣，惟穆罕默德一人而已。”② 圣人也有不齐，穆罕默德“总革前圣之经，为天下万世率由之准”，被称之谓“至圣。”

第二，“圣人”生而知之，为自觉进行道德修养的最高典范。王岱舆讲道：“（圣人）其生知也……圣人乃醒而不寐者”③。“若圣贤之德，本来活泼，不待助而自生，故不以外誉而增减，惟自行自止耳”④。

第三，“圣人”从各方面看都是伊斯兰教最理想的人，其中，穆罕默

① 〔明〕王岱舆：《正教真诠》，第29页。
② 〔清〕刘智：《天方典礼》，张嘉宾、都永浩点校本，第29页。
③ 〔明〕王岱舆：《正教真诠》，第56页。
④ 〔明〕王岱舆：《正教真诠》，第113页。

德又是理想中之理想者。王岱舆讲道："惟正人超人道之心，而达无己之真心；克本灵之性，而显圣人之大性。……真心之大性，得圣人知见，以往将来，见与未见，无不现前，宇宙若一"①。"得圣人知见，堪入全人品内"②。全人就是道德上最理想的人，谁要想成为全人就得像圣人那样修养自己。王岱舆又讲道："遵真主之明命，三要全备，万行具足。神化无极，赖及宇宙，宣正古今，诚所谓括天地而理万物者，乃正教之至圣焉。……清真证圣，乃极大正事，不证圣者，为无以妈纳"③。证圣是指对至圣穆罕默德的使者地位的确认和崇信，这是信仰伊斯兰教的要求之一，做不到这一点，就是没有信仰。

何为贤人?

传统回族伊斯兰教认为，贤人仅次于圣人，是圣人受命行教的辅助人士。刘智讲道："圣，行教者也；贤，弼教者也。"又："次于圣者，曰大贤（乃全体圣人而不逮圣人之位者）。"贤人（"卧里"）在各方面都能按着圣人的榜样去做，只是没有达到圣人的品级而已。这也是事出有因的，因为按照伊斯兰教的说法，至圣穆罕默德之后，不会再有圣人出现。这样，他之后在世间行教的道德典范就只有贤人了；伊斯兰教之传播与发展，也主要仰赖于他们了，"后贤、后学，阐其要旨，传者不倦，受者不绝"。④ 王岱舆虽不否认贤人也能自觉地进行道德修养，但却说他们还需要圣人的启迪："贤人乃寤寐之间者……贤者唤之即醒"⑤。

何为"愚人"?

根据回族伊斯兰教的传统观点，世界上除了圣人贤者，都是"愚人"。这些人的道德形象，按照王岱舆的说法便是："下愚者恣好欲，偏觉性之兽心，无非损人利己，贪嗔而已。"⑥ 值得注意的是，王岱舆所说的"愚人"，也被称做"世人"或"常人"，实际上就是指的普通老百姓。他们

---

① 〔明〕王岱舆：《正教真诠》，第60页。
② 〔明〕王岱舆：《正教真诠》，第118页。
③ 〔明〕王岱舆：《正教真诠》，第40页。
④ 〔清〕刘智：《天方典礼》，张嘉宾、都永浩点校本，第33—35页。
⑤ 〔明〕王岱舆：《正教真诠》，第56页。
⑥ 〔明〕王岱舆：《正教真诠》，第59页。

与圣人贤者是截然不同的人，如在对待利害关系问题上，王岱舆就讲道："多在世人之益，在圣贤则为损；圣贤之损，在世人则为益"①。

二、和谐社会之社会政治：圣贤治世（公道）

中国的传统宗法社会曾长期以君父统治为秩序象征，以忠孝为齐治家国的根本原则，以"内圣外王"为儒家政治的理想境界，传统回族伊斯兰教受其影响也对这些内容有所全面反映。传统回族伊斯兰教政治伦理思想的这一特征，也有其自身宗教上的原因。众所周知，我国的回族穆斯林在教义学上一般都遵奉逊尼派（所谓"正统派"）教义，在教法上则遵行"四大教法学派"之一的哈乃非教法学派，而这两者又都以遵奉"圣人"为其重要特征，以穆罕默德为最后的圣人（使者）。传统回族伊斯兰教因之称其教为"圣人之教"，称穆罕默德为"至圣"，并以"圣贤治世"为其忠君思想之实质内容。

（一）君权神授

在中国，回族伊斯兰教基本上是一个不反社会现实的宗教，其倡导维护我国统一君主制可以证明这一点。如前所述，王岱舆强调的国必有君还不是其全部思想内容，因为，有君而不忠君，国家社会照样会发生动乱。所以，"忠君"才是其更强调的，这体现着对神意的顺从，而这个神意又落实为"君权神授"。根据传统回族伊斯兰教的造物论，现实社会中的人及其权利、义务、地位都是造物主安排的。与之相一致，君王万人之尊的地位和统治国家的权利，也是造物主给予的。王岱舆讲道："既此便知君不能自君，有君之者；父不能自父，有父之者；师不能自师，有师之者。若君能自君，人人尽思帝制，无下役矣；父能自父，人人尽期嗣继，无绝灭矣；师能自师，人人尽欲贤智，无愚陋矣。以微渺之身，而欲味（昧）

① 〔明〕王岱舆：《正教真诠》，第111页。

造化天地君亲师之真主，漫无分别，礼乎？非礼业！”[①] 岱舆很钟爱礼，他希望人们各安其位，不要做非分之想，尤其不要以人意对抗神意，否则，社会秩序就会受到破坏。而在现实社会中，这个礼的最高代表，无疑是君王，而使其为最高代表者，则是造物的真主。不过，“君权神授”作为一项原则，其所包含的，不尽是授予权，也有剥夺权。这样，才能更充分体现神的权威。

从逻辑上讲，与“君权神授”理论相一致，君臣关系也理所当然是造物主安排的，这样，神意才能贯彻到底。可是，传统回族伊斯兰教似乎并不这样认为。王岱舆讲道：“非比君臣父子，不过时节声名，其实不能自主。何也？间有子贤于父，臣转为君，国家成败，互相反复，盖因同类故耳。”[②] 君臣关系，父子关系，只不过是随着时间的流逝而不断变化的事物。这如何理解呢？又：“及至此间父子之亲，君臣之义，师生之礼，盖有不同，何也？因有始终不易，及半途更变者，故有先合而后离，或外亲而内疏。夫始终不易者，原契于先天；表里不一者，唯合于时节。且如师生之礼，原由于未受业时，与途人何异？及其受业，因师有教诲尊高，则生有领受卑下，自兹以前，无尊卑也。以是观之，君臣父子师生之尊卑忠孝，本于仕养受业耳。其仕养受业，即关切，即因缘也。”[③] 君臣、父子、师生等关系，都是因缘和合的产物，都是有条件的，不是绝对的，这里没有造物主意志的体现。所不同的是，这层关系一旦缔结成功，便有了尊卑之别。君、父、师因其位尊，在关系的缔结与维持方面，必然占据着主导地位。“夫君为臣纲，父为子纲，故文武之职，必由于君；子孙之名，定出于父祖。”[④] 实际上，以王岱舆为代表的上述观点，只是针对具体的人和具体关系而言，若作为一般现象，恐怕还是不出神意之范围的。

尽管具体的君臣关系不是造物主安排的，但是，“君权神授”却不容置疑，也不容许受到什么威胁。“设人中一人，自称与天子同尊，遂与其

---

① 〔明〕王岱舆：《希真正答》，第282页。
② 〔明〕王岱舆：《清真大学》，第229页。
③ 〔明〕王岱舆：《希真正答》，第264页。
④ 〔明〕王岱舆：《希真正答》，第276页。

抗礼，其罪可免乎?”[①] 不过，为了使社会统治秩序不致遭到破坏，君与臣在维护双方关系方面，都承担一定的责任或义务，也是应该的。“非若君义臣忠，父慈子孝，互相补报之比也。”[②] 确定了双方面的责任义务，也算是对君臣关系的一种协调吧。

(二) 理想之君

什么样的君王才是理想的呢? 答案为“内圣外王”，就是由“圣人”来当君王。传统回族伊斯兰教坚信，只有圣贤之人才行圣贤之事，而治国就是一件很大的圣贤之事，所以，必须圣贤之人才胜任。王岱舆讲道:“上智者履仁义，循灵性之人心，亦莫过齐家治国，忠孝而已；惟正大者遵明命而体无己之真心，总是指迷归正，为主而已。”[③] 这里，上智指贤人；正大指圣人。这段话的意思是说，贤人能够治国，但不能（凭自己的力量）认主，只有圣人能认主。他又讲道：“圣智能若凡愚，凡愚必不能似圣智。”[④] 按此，则圣人也可以治国，唯独凡愚之人，既不能治国，也不能认主，他们生来就是被统治者。这里需要指出的是，根据伊斯兰教的说法，穆罕默德之后将不会再有圣人出世，所以，现实中真正承担治国重任的，也恐怕只有依赖贤智之人了。

无论是圣人也好，还是贤者也好，起码都要做到以下几点才是一个合格的君王。

一是忠。忠，就是忠主。在我国传统社会，“忠”、“恕”二字历来都被当做安邦治国的两大法宝。但这个忠，是臣下对君主的忠，对君主本身则没有什么要求。传统回族伊斯兰教则不然，其所讲的忠，首先是要求君主要忠，这个忠，是忠于真主的忠。王岱舆讲道：“真者，化灭诸邪；忠者，斩除万有，此为人之大本也。……尊独一无二主，方谓之真忠”[⑤]。忠于真主的忠，不能给予其他，这是“真忠”，也是做人的根本。又：“须知

① 〔明〕王岱舆：《清真大学》，第244页。
② 〔明〕王岱舆：《清真大学》，第246页。
③ 〔明〕王岱舆：《正教真诠》，第59页。
④ 〔明〕王岱舆：《正教真诠》，第51页。
⑤ 〔明〕王岱舆：《正教真诠》，第88页。

大本真忠。始自天子。”真忠必须由君主做表率。“自斯已下，认己修身，忠君事亲，处夫妇，交朋友，治国齐家，莫不由是本而发，舍此别图，则有歧路之悲矣。夫忠于真主，更忠于君父，方为正道，因其源清，而无不清矣。”① 有君主对真主的忠，才会有臣民对君主的忠，只有君臣上下都忠，既忠于真主，又忠于君父，才符合伊斯兰为君之道。

二是恕。恕，就是恕人。王岱舆认为，一个恕人的君主，首先应须做到君人先君己，他讲道：“即以君王任重而位尊，亦必始于当身之国土，所以身乱，则国必乱；身治，则国必治，未有身治而国乱者也。……是故圣贤君己，不必君人，而人心自服。”② 王岱舆相信，一位君主，只要他能把自己管好，就一定能把自己的国家管理好。君己大概包含以下几个方面的内容，一是要具备“智才之勇”：“故勇有二品：曰智才之勇，曰血气之勇。夫智才之勇，能伏自性，则和气滂流，无不被其德泽；血气之勇，力伏万人，盖一时威势，不过惧其法度。”③ 君主要先于律己（“伏自性”），后以律人，谓之“智才之勇”，即动用智慧，而不是耍威风，来使人服从自己的领导。其次是化人先化己：“经云：‘尔先化己，然后化人，不然尔岂不自愧乎’。常有生平劝化，未能开示一人，或有偶闻一字，便即力克自己，当是时不待言而人自化焉。”④ 这里，化是劝化、化导义。想要劝化别人，首先得自己把各方面的事情做好，如此，不待言而他人自化了。再其次是忍怒：“或曰：‘天地间所最惊恐者何?’曰：‘惟真主之怒耳。’‘将何以免乎?’曰：‘尔之怒不加于人则免矣。’真主谕前圣曰：‘凡所见物，尔当食之。’是时遥睹一物，形大如山，其色玄黑，遂奉命举意而食，其物渐近渐小，及其相接，仅可一口，竟尔吞服，其味甘美，究竟不知其为何物。复谕云：‘此即尔之怒也’。始初纳之至难，果能啖之极美。”⑤ 忍怒非是一件易事，如果作为一位君主他能做到，确是一件极美的事情。王岱舆又讲道：“须知圣贤啖怒，正于能罚而不罚，非若人己相当及卑下比

① 〔明〕王岱舆：《正教真诠》，第88页。
② 〔明〕王岱舆：《正教真诠》，第96页。
③ 〔明〕王岱舆：《正教真诠》，第98—99页。
④ 〔明〕王岱舆：《正教真诠》，第99页。
⑤ 〔明〕王岱舆：《正教真诠》，第98页。

也。何也？人己相当，或受亏而息怒，多因省气省财；若卑下之忍，虽欲报而不能报，惟无奈而已。其怒皆非本意，岂若君长之宽容，由于洪量之自止哉。盖圣贤之容忍如大地，凡诸秽物莫不倾之于彼，及其发露，无非红翠馨香，非世俗之微器可比伦也。”[1] 恕人，要求君主对自己严格还是一个前提，它的真正内容自然是宽恕别人，在王岱舆看来，君主尤其要体谅百姓。他讲道：“圣云：‘尔等须体量群下，彼此皆是真主造化，彼之身命，与尔等一同，喜怒自亦不异，凡己所不能受者，切勿加之于人，不然在后世取公之日，真主与我即其知证也。’”[2] 君主必须体量百姓，原因是君主与百姓在造物面前都是平等的，在末日审判时也都难逃公道。王岱舆还讲道：“君王故尊，莫非人类，其所有知识与众不异。”[3] 君主并不是什么专门的统治人才，因为他们的知识也与百姓是一样的。

三是公。公，就是公道，对于君主而言，则是公道治世。王岱舆讲道：“须知治乱之要，惟在公与不公，虽天下皆异端，亦无妨于治也。法枉行亏，则必不可治也。故圣云：‘人间公道，即真主之天平，凡人以公治世，将来取公之日，自无不公之极罚矣。”[4] 君主行公道，是末日审判时为自己讨公道的前提。王岱舆又讲道：“是故圣云：‘凡诸君长，若无太过不及，惟以公平治世者，去此而升静天，登于光明宝座，居于至上，俯视诸天，其乐无可逾焉；枉法者去此而堕下极，拘于黑暗禁狱，陷于万苦之中，其难亦无可逾焉。’切思任性不公，取快于一瞬，自不知犯真主之怒，公罚于永久，悲哉。经云：‘凡事以和缓则整齐，以强暴则破碎。’故正人以公为道，以和为美也。”[5] 君主的统治不仅有道义可担，而且有审美可言，这就是要“和”，“和”即和缓、和顺、政通人和的意思。

传统回族伊斯兰教所讲的公道，赏罚公道为其重要内容之一。王岱舆讲道：“缘夫赏善罚恶，乃治世要术，非此则尽几于禽兽矣。须知赏一善，可以德泽天下；罚一恶，可以平定国家。法正，则赏罚皆仁；不正，则赏

---

① 〔明〕王岱舆：《正教真诠》，第99页。
② 〔明〕王岱舆：《正教真诠》，第97页。
③ 〔明〕王岱舆：《正教真诠》，第70页。
④ 〔明〕王岱舆：《正教真诠》，第96页。
⑤ 〔明〕王岱舆：《正教真诠》，第98页。

罚皆暴。”① 王岱舆重视以法治国，主张有善必赏，有恶必罚，但前提是要“法正”，即法律要公正，执法要公道。王岱舆又讲道：“所以杀中有慈，慈中有杀，不可不知也。凡以法令森严，便谓不慈者惑矣。即如忠孝为人之本，坐谈之间，莫不自许，若非经历危难，其不易之诚，将何以证焉。是以圣贤载道，舍一身轻若鸿毛，自不拘于赏罚，理当感谢洪恩，岂敢须臾迟缓；常人载道，行一善重如山岳，固绳之以法律，勉彼践迹圣贤，更使脱离苦海。微细参之，仁慈之至，孰有愈于此乎?”② 虽言法不避圣贤，但圣凡之区别对待还是要的。法可以促使百姓效仿圣贤，从而起到劝善阻恶之作用，即“自古经教，劝善未尝不赏，沮恶未尝不罚”③ 是也。从王岱舆的一系列论说看，传统回族伊斯兰教的理想君王或仁君，不仅是一位道德仁君，还应该是一位法制仁君。

(三) 理想国

传统回族伊斯兰教的理想国自然是伊斯兰教国。不过，在我国历史上，汉族儒家文化历来占据统治地位，伊斯兰教同其他信仰一样，或者是民间信仰，或者是少数民族的信仰，都不可能有机会成为国教。大概正是考虑到这样一种情况，王岱舆在他的著述中，从来都没有提到要在我国建立伊斯兰国家。然而，这不等于说王岱舆没有这方面的向往。因为，他讲过：伊斯兰教“凡命人笃信者，莫非真理；命人力行者，莫非正务；其所禁止者，莫非异端僻行或犯义之事”④。既然伊斯兰教如此完美，如此受王岱舆推举，以之治国难道不是他的首选方案吗?王岱舆还指责儒家道：“皆缘不明三纲外之大纲，五伦外之大伦耳。唯正教之五常，仁为感念真主之造化；义为代理真主之普施；礼为拜谢真主之恩赐；智为辨认真主之独一；信为全信真主之明命。其君臣、父子、夫妇、昆弟、朋友之道，皆自此源而发，莫不互有所归焉。彼来无所始，去无所归，虽仿佛纲常，依

---

① 〔明〕王岱舆：《正教真诠·清真大学·希真正答》，附录，第295—304页。
② 〔明〕王岱舆：《正教真诠·清真大学·希真正答》，附录，第295—304页。
③ 〔明〕王岱舆：《正教真诠》，第105页。
④ 〔明〕王岱舆：《正教真诠》，第72—73页。

稀伦典，岂能如正教始终渊源之无尽哉!”① 儒家只言人与人之间的关系，不讲人的前世与来世；王岱舆则认为，除了人与人之间的关系外，还有真主与人之间的关系，并主张人有过去、现在、未来三世，且在三世中都受真主的主宰，所以，主为人纲乃是至大之伦，至大之纲。这样的话，若以伊斯兰教来置换儒家之三纲五常，不也是很美的一件事吗?

三、和谐社会之法律机制：道教与法

伊斯兰教作为世界宗教，她的教义和教法体系堪称完备，在政教合一体制下，教义往往就是国家意识形态，教法（沙里亚）则是国家律法。然而，在中国回回社会中通行的伊斯兰教法，由于缺乏类似国家机器的支持，只能依靠宗教信仰和社会舆论来推行，原来所具有的法律色彩也就逐渐被淡化，而道德特征则获得了加强，因此被有的学者归类为回回习惯法。不仅如此，作为社会行为规范的伊斯兰教法，在人们社会实践理性的筛选下，也只有部分内容在回回社会中得到了贯彻推行。这是因为，尽管伊斯兰教法的全部内容似乎已传入中国，并很早就在经堂教育中学习，甚至获得了翻译介绍，但是，教法的许多内容连同相关的法律思想，也只停留在了教育或宗教学术的层面，而未能深入到广大回回民众的社会生活之中，成为他们的社会法律思想。伊斯兰教的四大法律创制原则，即，《古兰经》、“圣训”、“众议”和“类比”，也只有前两项在回回伊斯兰学者中得到了继承、遵守、改造与发扬。具体地讲，伊斯兰教法的全部内容中，传统回族伊斯兰教真正继承的主要有两部分，这就是刘智《天方典礼》中所谓“天道”和“人道”所体现的思想内容。其中，“天道”，刘智指的是伊斯兰宗教制度，主要围绕五项功课（念、礼、斋、课、朝）展开；“人道”，为社会道德规范，关涉到回回社会生活的各个方面。

据刘智自己讲，他曾秉承父亲遗愿，翻译过伊斯兰教法书《天方礼法》，在此基础上，“于全书中，择其最关民生日用者，汇为一秩，曰《典

① 〔明〕王岱舆：《希真正答》，第279—280页。

礼择要》”。他还对这个简本进行了注解[①]，这就是《天方典礼》。书中讲道：“一切动止，皆有经常达变之法也”。“凡于视听、语默、食息、起居、纤巨皆有经常之法，以为矩矱（音约），则不致有干分越礼之行。又有通变之法，以适权宜，则不致有胶泥固滞之病。用权而不离于正，虽变而不失其常也”。[②] 伊斯兰教法作为对于人们全部行为（“一切动止”）的规范，既有原则的方面，也有可变通的方面。《天方典礼》还讲：“敬服五功，天道尽矣”；“敦崇五典，人道尽矣”。刘智还进一步解释道：“五功者，念真、礼真、斋戒、捐课、朝觐天阙也……五功修完，而天道尽矣”；“五典，即君臣、父子、夫妇、昆弟、朋友五伦之教也……五典修完，而道尽矣。”[③] 在伊斯兰教法的全部内容中，刘智对于宗教信仰与道德修养部分的侧重，代表了传统回族伊斯兰教的基本态度。

在法律的遵行方面，伊斯兰教还将这一本来针对普通穆斯林民众日常生活行为（修身）的要求，提升到了少数穆斯林修道的实践。《天方典礼》讲道：“法备三乘，理原一本”。“三乘”即“礼乘”、“道乘”和“真乘”。针对“礼乘”，刘智解释道：“总载天道、人道，一切事功之条例，此勤德敬业者所取法也。”这是针对普通民众而立的法度，具有广泛的社会意义。“道乘”和“真乘”则是针对少数修道者而言的：“勤德敬业，所以修身也；穷理尽性，所以明心也；克己完真，所以见性也”。“三乘”其实强调的就是中国儒家所讲的正身、明心和尽性。在此之上，还有“超乘”，追求的是“人主合一”[④]，与中国儒家所讲的“天人合一”也无二致。这样的做法，体现了传统回族伊斯兰教的立法宗旨，即，借助法律的手段实现认主（人主合一）的目标。

传统回族伊斯兰教所推重的《古兰经》和“圣训”，前者是造物之“真主”的“敕命”，后者则是穆罕默德的言行。在广大穆斯林看来，“圣训”乃是《古兰经》最具权威的诠释。像中国儒家传统文化一样，传统回族伊斯兰教也尊崇“圣人”，并称伊斯兰教的创始人穆罕默德为“至圣”，

---

① 〔清〕刘智：《天方典礼》，张嘉宾、都永浩点校本，自序，第20页。
② 〔清〕刘智：《天方典礼》，张嘉宾、都永浩点校本，第33页。
③ 〔清〕刘智：《天方典礼》，张嘉宾、都永浩点校本，第32页。
④ 〔清〕刘智：《天方典礼》，张嘉宾、都永浩点校本，第33页。

称伊斯兰教为“圣人之教”，“道”和“法”亦如法对待之。如，刘智讲道：“圣人之道，即天道也；圣人之教，即天道流行者也。圣教之人，即顺天道之条理，承天道之轨则，而奉之以从事者也。”①“圣教之人”，即遵守伊斯兰教法之人。《天方典礼》还讲道：“道有教而无像，教有法而无身”。刘智还进一步解释道：“道非教不明，教非法不立。夫道也者，天理当然之则也；教也者，示人循是则而行之者也；法也者，析理欲辨是非，规天下于无妄者也。”②“道”和“教”是圣人的，与之密切相关的“法”，自然也是“圣人之法”。王岱舆亦讲道：“凡有志修德立善者，不由正教，虽竭尽心力，不足克己而归真，犹鱼网之不能御寒也。是故正教也者，论其始，则知自己之从来；论其终，则悟此身之归宿；论其法，皆指示成人之至理。”③

传统回族伊斯兰教所讲的道、教、法的内容及其关系，按照刘智的思想，“道”指的是事物的本质及变化规律（“真宰之本然”及其自然流行之规律），载在《古兰经》之中，这是立“教”（伊斯兰教）的根本依据，“法”（极大程度上体现为穆罕默德的言与行）则是通过“教”的教化而保证“道”得以被人们尊重、遵行的权威法条。“道”只有一个，虽分为“天道”和“人道”，实则是一而二，二而一的关系，所以，传统回族伊斯兰教又将体现“天道”的宗教五功（念、礼、斋、课、朝）和体现“人道”的人伦五典（仁、义、礼、智、信），在人们的修行实践中合而为一，意在告诉人们：只要认真遵守了伊斯兰教的五项功课，也就同时践行了人道五典，这就是传统回族伊斯兰教所倡导的最大行法机制。王岱舆因此讲道：“唯正教之五常（即五功。——引者注），仁为感念真主之造化；义为代理真主之普施；礼为拜谢真主之恩慈；智为辨认真主之独一；信为全信真主之明命。其君臣、父子、夫妇、昆弟、朋友之道，皆自此源而发，莫不互有所归焉。”④ 凡是虔诚的穆斯林，无不是安分守法之人。

---

① 〔清〕刘智：《天方典礼》，张嘉宾、都永浩点校本，第34页。

② 〔清〕刘智：《天方典礼》，张嘉宾、都永浩点校本，第34页。

③ 〔明〕王岱舆：《正教真诠》，第73页。

④ 〔明〕王岱舆：《希真正答》，第279—280页。

（一）念与仁

念，阿拉伯语为“舍哈代”，指念诵清真言：“万物非主，唯有真主，穆罕默德是主的使者”。穆斯林就是通过念诵这一清真言来感赞真主的造化之恩和穆罕默德的传教之功绩的。王岱舆对于念十分看重，他讲道：“一念之诚，可以利贯金石，超越古今，包罗天地”。至于仁与念的关系，他认为：“仁寄于念，念不即是仁”。[①] 仁是内在的，念是外在的，仁通过念来体现，不过，外在的念还不能完全代表内在的仁。那么，王岱舆是怎样看待仁的呢？他认为，第一，仁是人们结成全部社会关系，树立全部道德观念的起点。“人极原一人，夫妇为二人，一人者人也，二人者仁也。是故三纲五常、君臣父子，莫不由夫妇之仁而立也”。[②] 第二，人有本念之仁。“人有本念之仁，异类无归原之志”。[③] 造物主创造了人，这是需要感恩的，人能感恩，这就是仁。第三，人有爱人之仁。“所以仁者爱人，若不爱人，将何以验其感恩也”。[④] 爱人之仁为本念之仁的引申和要求，也是本念之仁的落实和验证。

（二）施与义

施即课施，阿拉伯语为“扎卡特”，指天课，是伊斯兰教以真主名义向穆斯林征收的一种宗教税。王岱舆认为：“施有二：曰：‘己之施’、曰‘物之施’。己之施，乃身心智慧施之于主也，施之于亲也，施之于君也，施之于天下也；物之施，乃以财帛谷粟之类，施于危困，济于饥寒”。[⑤] 施不仅是贡献自己的财产，也要奉献自身，甚至是不惜生命，这才是施。施与义的关系是：“义为代理真主之普施”。施是爱人之仁的重要体现之一，义为这种体现的高度自觉性和义务感，为当仁不让之意。因此，仁，主要指人们道德修养的内在境界，义则表现为外在行为，两者是有着极为密切

① 〔明〕王岱舆：《正教真诠》，第82页。
② 〔明〕王岱舆：《正教真诠》，第64页。
③ 〔明〕王岱舆：《希真正答》，第278页。
④ 〔明〕王岱舆：《正教真诠》，第126页。
⑤ 〔明〕王岱舆：《正教真诠》，第83页。

的内在联系的。

（三）拜与礼

拜即礼拜，阿拉伯语为“撕拉特”，指穆斯林向真主表示感恩、赞美、恳求、禀告的一种宗教仪式，他们认为，借此可以祈福免灾，保持心灵纯净。王岱舆讲道：“拜亦有二：‘礼拜真主’、‘礼拜君亲’。……明人本来，净人过愆，指人归宿，增人功德”。拜，在伊斯兰教中本来是指宗教礼拜，在这里，王岱舆却增加了“礼拜君亲”，这表明了他对封建礼教的关心。他又讲道：“中节之谓礼，礼其为人之本欤”。[①] 封建礼教强调君臣、父子、夫妇的等级名分，皆各有礼，不可僭越，循礼而行，便为中节，这是做人的根本。如此，礼也便成了仁的内容之一，只不过王岱舆未明讲罢了。

（四）戒与智

戒即斋戒或戒持，阿拉伯语为“沙渥姆”，王岱舆讲道：“戒者戒自性也；持者持智慧也”[②]。自性在这里指人的生物属性或人之欲性，智慧指人所独有的智慧之性，它来自造物主的赐予，两者是对立的；戒持就是抑制人的自性而增进人的智慧。王岱舆相信，通过斋戒，就可增加人的“清真正智”，在此基础上进入到“浑然无我”的状态，便能以心“见主”，所以，“智为辨认真主之独一。”

（五）聚与信

聚即朝，指朝觐天房，阿拉伯语为“哈吉”。王岱舆证明道：“平生一次朝觐天房，割爱离家，古今相继，为不忘历来之根本，相承正教之遗踪，更遵真主之明命”。穆斯林朝拜伊斯兰教诞生地，可以接受宗教传统教育，有利于坚定他们对真主的信仰。关于聚与信的关系，王岱舆说：“聚会之谓约，全约之谓信”[③]。这里，信有“讲信誉”和“信仰”二义，

① 〔明〕王岱舆：《正教真诠》，第83—85页。

② 〔明〕王岱舆：《正教真诠》，第85页。

③ 〔明〕王岱舆：《正教真诠》，第87页。

这与儒家传统讲信是不尽相同的。

我国传统文化中的道德信条仁义礼智信，本来是针对人们的道德修养而提出的一种内在要求，主要体现为精神性或观念性，王岱舆却把它们与伊斯兰教的五功联系起来，使之外化为宗教制度或宗教仪礼；把这一本来用于协调人与人、人与社会之间的关系的世俗道德信条，改造为主要适用于调节人与神（造物主）之间的关系的宗教道德信条；把一种本来具有普遍社会意义的道德修养准则，变成了仅针对信徒个人宗教信仰行为才有意义的宗教教条。这是他借助我国传统的道德学说来论证伊斯兰宗教道德的一种尝试，这在方法论上不无可取之处。不过，对于以上要求，王岱舆意犹未尽，他认为作为一名合格的穆斯林，还应做到以下三品、十条。他讲道："三品者：乃'心间诚信'，'舌上定念'，'身体遵行'，兹若根本、枝叶、花果之自然而然者"。王岱舆这里所讲的"三品"，实际上只有"信"与"行"两部分内容，其中，信是根本。至于"十条"，它们是：(1) 节饮食：要求人们在饮食方面要讲究清洁而适量。(2) 节盹睡：要求人们减少睡眠而勤于宗教功事。这两条是对人提出的生活方面的要求。(3) 节言语：要求人们慎言。(4) 僻静：让人们离群索居，闭门修道。(5) 甘贫：让人们甘于忍受贫困。(6) 忍耐：让人们安于眼前际遇。(7) 安分：让人们安于本分。(8) 悔过：让人们常思己过。此六条是对人们的行为提出的要求。(9) 顺服：让人们在安危得失面前听命自然，相信真主的安排。(10) 乐从：让人们从内心顺服，且以此为乐。[①] 这两条是对人们思想意识方面提出的要求。这十条的总精神是让人们在社会生活实践中要安于现状，克己恕人，在宗教信仰中寻求解脱和安慰。

四、和谐社会之经济生活：仁义诚信（公平）

社会物质的生产和再生产，为人类最基本的生存方式或活动方式。不从事物质生产，人们就不会有衣食之资，自身繁衍也难以为继。伊斯兰教

① 参见〔明〕王岱舆：《正教真诠》，第116—119页。

因此非常关心人类社会的物质生产，关心经济问题。不过，在生产、分配、交换、消费等经济环节中，传统回族伊斯兰教虽然也鼓励人们从事生产，劳动致富，允许人们进行适度消费，但其关注更多的则似乎是分配和流通领域。出现这种现象，固然跟早期穆斯林（包括穆罕默德本人）与我国回回族群都有经商传统有关，但也还有一个因素不能忽视，这就是，回族伊斯兰教在我国历来只是一种民间信仰，从未成为国家意识形态，所以，她自然更多的是关注民生，反映普通穆斯林民众现实生活中遇到的实际问题。因此，我们注意到，回族伊斯兰传统教义文本比较多地谈论的是国家税收与民间商业道德方面的问题，之所以如此，与人们痛恨传统社会官府的横征暴敛和不满民间商贸活动中的各种不端行为有关，与人们由此而饱受社会动荡、社会不和谐之苦有关。由此联想开来，我国传统上视商贸为末业并对之加以抑制的做法，大概也与商人的“奸诈”有违人类诚实本性有关。当然，这一切都是不正当的人欲（“物欲”）造成的。

刘智在《天方典礼》中写道：“四民之资，在乎业。业无大小，惟近于仁义者为正。业无通塞，惟本于忠信者为公。”并解释说：“四民，士、农、工、贾也。所以利人者曰资，所以致资者曰业，爱物利民曰仁，取与以道曰义，时行曰通，滞泥曰塞，无欺于好丑曰忠，无事于诈伪曰信。士尽其学，农尽其力，工尽其能，贾尽其有，言语信实，买卖公平，称量度数，不以入加，不以出减，不虚托本利，不谬称好丑，不全己亏人，无讳无匿，是可谓公正也矣。”[①] 中国传统社会的各项事业，传统上包括士、农、工、贾，在刘智看来，事业本身无大小、通塞（好坏）之区分，关键在于干事业的人。只要本着仁（“爱物利民”）、义（“取与以道”）、忠（“无欺于好丑”）、信（“无事于诈伪”）的原则去做，就能达到最高的事业准则和要求，即“公平”。公平即仁义忠信。只要本着仁义之心去做，没有什么事业不是天下百姓的正当事业；只要本着忠信原则去做，没有什么事业不能得以顺利进行，天下百姓于是也就都能够从中得到公平的机会和利益。所以，刘智鼓励人们从事各项事业，包括发展各项经济事业，这代表了传统回族伊斯兰教对于发展经济的一般态度。马德新甚至讲道：

① 〔清〕刘智：《天方典礼》，张嘉宾、都永浩点校本，第157页。

“天下皆恶贫而希富，不知贫者劳而生贵，富者逸而生贱。万事成于劳，诸功败于逸”。[①] 动致富（贵），也是传统回族伊斯兰教所主张的。刘智还认为，作为统治者，把握好时机，大力发展生产，乃是他们的“实政”。《天方典礼》写道：“百工以时，民无怨夫……游猎以时，鸟兽得以生息，草木得以蕃实。此皆泽及生民，恩被庶物之实政也。”对此，刘智又解释道：“时之义，大矣哉！天以时育物，地以时成物，人以时享物……惟是百物以时，则人民无怨，庶物咸熙，而泽之所及者广矣。”[②]

传统回族伊斯兰教鼓励人们从事物质生产，也鼓励人们适度进行物质消费，并将基本的物质消费视为维持人之生命所不可或缺的。马德新虽然讲“利者，人欲之私也，惟然则天下违乎公理者，莫利若也”，但是，他还是认为：“不知利亦有辨，如饥则谋食，寒则谋衣，利己之事也。故不食则必戕生，不衣则必露体，其负造物生成之意不少。”又：“盖衣食自顾，以及疾病扶持，痛痒相关，皆本天命而利于己者，是即理之所见端，而公之所从出也，不得谓为己之私欲也。”[③] 在传统回族伊斯兰教看来，人们的衣食之“谋”，本身就包含着生产、分配、交换、消费等各个环节，这体现着造物主的意志，即所谓的“天命”，所以是违背不得的。不过，仅就消费而言，伊斯兰教又仅将其限制在适度的范围之内，是绝对不允许铺张浪费、奢侈消费的。马德新讲道：“利多滋欲，薪能助火；利如酒也，多饮则迷。圣人曰：‘美哉其利，伤哉其利’。义则养其身，不义则毒其性。色动淫念，财启盗心，邻里失和，朋友交疏，手足相害，皆由于利也。”[④] 对于“利”的追求，必以“义”予以节制，否则，必将导致社会的不和谐。传统回族伊斯兰教的适度消费原则，虽然于现代市场理论不无违背之处，但是，其对于当今物欲横流社会中人们无限制地追逐物质享受，甚至为富不仁，以致破坏社会和谐的现象，显然会起到某种抑制作用，对于提倡节俭之社会风气亦是有助益的。《天方典礼》写道：“维造物皇德，大垂眷顾，重我生民，张陈万物，民用是足。我民不智，乱厥置

① 〔清〕马德新：《四典要会》，第47—48页。

② 〔清〕马德新：《四典要会》，第134页。

③ 〔清〕马德新：《大化总归》，中华民国十一年（1922）刊本，下卷。

④ 〔清〕马德新：《四典要会》，第48页。

位，圣人聪明，无忤无拂，审形辨义，以物付物，顺物材物，以不负物，物乃乂（乂，安其位也。——引者注），义乃成，民斯利益。”[①] 万物之被创造，就是供人类消费的，而人类节之以“义”的适度消费，便能使得万物的价值得以实现（“开物成物”之义）。

历史上的回回民众，同其他普通民众一样，非常痛恨官府的横征暴敛，传统回族伊斯兰教反映了这一情况。刘智讲道：“苟或横征暴敛，额外苛求，民多菜色，而血比难堪；野无孑遗，而追乎不息，惟知剥取民财以饱其欲。被其虐者，有不愿逃其网而轻去其乡者哉?”历史上官府的苛索，导致百姓家破人亡，背井离乡，刘智对此是予以谴责的。因此，他希望“为上者宽征薄敛，赈饥恤贫，养老慈幼，不吝帑藏之财，以解民困。”并相信，官府若能做到这一点，“被其泽者，有不父母亲之而元戴之者哉?”又讲：“朝廷非礼不税，则无苛索之弊，而黎庶安矣。民富国强，上下安乐，由乎此也。”只有体恤民众疾苦的官府，才能得到人民的拥戴，国家也才能得富强，人民也才能得安乐!《天方典礼》还写道：“仁者，疏财以合众；不仁者，分众以聚财”。又：“仁也者，大造生物之心也。人有此心，是为恒心。有恒心者，享祚久长，福有攸归也。不仁也者，即失此心之谓也。既失恒心，倾覆及之，何长之有?”[②] 治者应当为百姓而聚集财富，而不应当因聚集财富而失去民心，是之谓“仁”。仁者，乃是造化天地万物的根本，此项根本是绝对不可以丧失的。

现实社会中，古往今来不乏放高利贷，哄抬物价，囤积居奇，扰乱经济秩序，破坏社会生产、生活的不法奸商，传统回族伊斯兰教对此的禁戒非常严厉。王岱舆讲道：“月利生财，积谷待价，二事清真切禁。故为此者，必不得真主之恩慈。因其有违明命，背匿大恩也。”生息取利，囤积居奇，伊斯兰教是坚决禁止的。伊斯兰教抑制流通领域中不端行为的原则是，宁可矫枉过正，也决不允许不法奸商破坏人们的生产和生活，所以，甚至禁止通常获取利息的行为。为什么呢？“盖认财物为己有，思剥人以自丰，更不悟利从本生，本自何有?”关键是人们用以生利的本钱原本不

① 〔清〕马德新：《四典要会》，第150页。

② 〔清〕刘智：《天方典礼》，张嘉宾、都永浩点校本，第156—157页。

是其持有者的。王岱舆告诉人们："因人之身命财物，本非自有，皆真主之恩赐也。"任何财产都是造物主所赐予的。人则必须以感恩的态度对待自己拥有的财产，除自己消费外，还必须与人分享，是之谓"爱人"。"所以仁者爱人，若不爱人，将何以验其感恩也。"① 仁者爱人，要落实到实处。"且爱亦非虚爱，凡人饥则食之，渴则饮之，无衣则衣之，无居则舍之，愚蒙则教之，病患则顾之，过失则谏之，孤独则养之，争讼则解之，侮玩则恕之，死亡则葬之，无物则助之。"② 传统回族伊斯兰教更是反对并严防商业中的欺诈行为。《天方典礼》写道："饕利四等：一、同类之物，兑换而有差；二、同类之物，借偿而有差；三、同类之物，当赎而有差；四、同类之物，因美恶不等，交易而有差。所谓差者，轻重多寡之谓也。如以金易金，以银易银，以麦易麦，以粟易粟，而有轻重多寡，不可也。"只要是同类之物，不管是金、银、麦、粟，也不管是交换、借偿、当赎、交易，都不得"加利"，目的是防止此端一起，便生"以银搀金，以铜搀银，以水润麦，以灰饰米"之类的"欺弊"行为。若是借当关系中，确实存在借偿（赎）之物有大小成色不等者，则另有变通做法。刘智讲道："《权经法》云：'类偿类，而有大小美恶之不同，不加则不值，如之何？'曰：'无已，则作价。'谓将两物各作时价，如价尝之。"借物还物，多少成色不同，应变作时价，按价偿还可也。实际上，传统回族伊斯兰教禁止以本钱生息取利，实际上主要限于日常生活范围，而不是社会生产范围。日常生活中以自己的财物帮人解危济困，当属义行。"仅为借当，断无容加矣，何也？凡来借当者，必皆无力之人。"③ 至于社会生产中的资本往来，借取资本周转而扩大再生产以创造更多财富，其生息取利当属别论，不可一概言之。刘智讲道："（《权经法》）又云：'借金银营运，累月不偿，致无生息，如之何？'曰：'无已，则量利。'谓量其营运，计若干本，每月得若干利，而以得利之数均分之。若伙计一人，出本一人，出艺之法也。"④ 将所借金银变作本钱，公平地分得利润可也。

① 〔明〕王岱舆：《正教真诠》，第126页。
② 〔明〕王岱舆：《正教真诠》，第127页。
③ 〔清〕刘智：《天方典礼》，张嘉宾、都永浩点校本，第158—159页。
④ 〔清〕刘智：《天方典礼》，张嘉宾、都永浩点校本，第159页。

第五章　当代回族伊斯兰教的和谐思想

根据2004年《宗教事务条例》第四章第二十九条规定，我国宗教教职人员“从事宗教典籍整理、进行宗教文化研究活动，受法律保护”。新的宗教条例，符合宗教存在和发展的时代要求，为宗教神学思想在我国的当代发展提供了法律依据。改革开放30多年来，回族伊斯兰教的教义思想也出现了许多新的变化，而推动这一变化的主要形式乃是经（《古兰经》）训（“圣训”）新解，或再诠释。此次的经训诠释，同历史上的“以儒诠经”相比，同样表现出了回族伊斯兰教与时俱进的精神追求。新时期回族伊斯兰教经训诠释的基本做法是本着时代精神，针对工业化以来人类发展出现的带有普遍性的问题，以及伊斯兰教在当前国际形势下提出的新的发展要求，也针对回族伊斯兰教在我国发展遇到的新的情况，并按照党和国家对宗教发展的原则要求，尽量挖掘《古兰经》和“圣训”中有用的思想内容而给予其以新的解释，其目的是要改变回族伊斯兰教已有陈旧的一面，而赋予其以新的时代发展生机。我们注意到，这样做的初步结果，一是赋予了某些经训条文以新的解释，使之具有新的含义；一是使以往某些不被重视的经训条文得到了重视，凸显了其意义。就是通过这样的方式，使得回族伊斯兰教的教义思想及时获得了新的知识补充和新的精神塑造。当然，这其中，伊斯兰教的根本信仰原则和精神也同样得到了很好的坚持。还值得注意的是，在这场新的经训再诠释活动中，带有经堂教育等各种当代伊斯兰教育背景的穆斯林知识分子或伊斯兰宗教人士，同“以儒诠经”时代一样，仍旧充当了骨干并发挥了主要角色的作用。近些年来，由各级伊斯兰教协会主导并有众多阿訇参与的新的“卧尔兹”的写作、演讲、竞赛等活动，则又赋予了此次的经训再诠释以前所未有的信仰实践内容。当代回族伊斯兰教的和谐思想，也就是在这样的伊斯兰宗教学术背景下，得到了新的发展，这是符合党和国家构建和谐社会伟大目标的值得肯定的发展。

一、当代回族伊斯兰教的生态和谐思想

毫无疑问，就人类的美好追求而言，和谐社会虽然有其必然性，但仍属于“应然”的范畴，而不是“实然”的状态。人们只能设想它，而无从描述它。这种设想，无疑是一种“善”的设想，且因宗教、文化而异。“和谐”属于“善”的范畴，凡是人们设想为“善”的，就存在而言，就是和谐的。同理，无论是传统的，还是现代的回族伊斯兰教的和谐思想，不仅体现为对善（和谐之善）的追求，对美（和谐之美）的追求，而且，这一“善”与“美”最终又是造物之“真”（即造物主）的体现。因此，伊斯兰教提出的和谐问题，不是属于本体、本质的问题，而是涉及现象宇宙中存在的问题。所以，这就为当代回族伊斯兰教提出以安拉为中心的生态和谐观奠定了原则基础。

（一）生态和谐的中心论：以安拉为中心

在西方生态伦理学中，存在着是以人类为中心还是以自然为中心两大学派的分歧。以人类为中心的观点，强调人与自然的关系中人是主体，自然是客体，人类保护自然环境乃是基于人的长远利益；以自然为中心的观点，虽然也强调人类在生态系统中的特殊地位和作用，但是，却主张把伦理学的视野从人扩大到一切生命和自然界，因为后者也拥有内外双重价值，即针对人类的工具或手段价值与针对它们自身的内在固有价值。[①] 针

① 参见傅华：《生态伦理学探究》，华夏出版社 2002 年版，第一章：“西方生态伦理学研究概述”。

对西方生态伦理学认识上的这一分歧，当代回族伊斯兰教的生态伦理思想均持否定态度，并从人是安拉在大地上设置的代治者这一思想出发，坚持自己的以安拉为中心的观点。“伊斯兰的人类代治论，与所谓的‘人类中心论’没有丝毫共同之处。‘人类中心论’认为人是宇宙间唯一具有内在价值的存在物，环境得到的唯一相关因素是人的利益，人只对人类负有直接的道德义务，对其他被造物只是一种间接的义务。而伊斯兰的人类代治论，坚决否认人对一切生物和非生物享有生杀予夺的绝对统治权、决定权，认为人只是替代安拉行使对大地万物的治理之权，况且这种权利受安拉制约，对安拉负责，包含着责任，也即对非人类存在物负有直接的道德的义务，因此伊斯兰的代治论从根本上说是‘安拉中心论’。”①

当代回族伊斯兰教的生态伦理思想，坚持《古兰经》中关于安拉是“万物的创造者”的原则，从当代整体论学术理论视角出发，强调宇宙万物是一个被创造的内在和谐的整体。“安拉创造这个大家庭，有着明确的目的和严密的计划，因此宇宙被造物具有统一性和完整性的特点。他们生机盎然、气象万千，各得其所，井然有序，保持平衡。从日月星辰、高山大川、江河湖海、矿藏田园，到空气、阳光、水分以及地球上的人类、生物，共同构成一个协调有序、和谐完美的生态系统”。② 这一思想的来源是《古兰经》的以下经文：“你在大仁主的造化中，不能看出一点参差。你再看看，你究竟能看出什么缺陷呢?”（67：3）“难道他们没有仰观天体吗?我是怎样建造它、点缀它，使它没有缺陷的?我曾展开大地，并将许多山岳投在上面，还使各种美丽的植物生长出来，为的是启发和教诲每个归依的仆人。”（50：6—8）当代回族伊斯兰生态伦理思想还认为，“宇宙万物的和谐不仅表现为物种的丰富和完整，而且更重要的是万物依安拉意欲的规律守恒运行”。③ 所谓“安拉意欲的规律”即“真理”，《古兰经》经文：“我只本真理而创造天地万物，我只使他们存在至一定期”（46：3）。“我确已依定量而创造万物”（54：49）。“日月是以定数而运行的”（55：5）。

---

① 马贤、马效智：《伊斯兰伦理学》，宗教文化出版社2005年版，第362—363页。

② 马贤、马效智：《伊斯兰伦理学》，第359页。

③ 马贤、马效智：《伊斯兰伦理学》，第359页。

"安拉确是能达到自己的目的的，安拉已使万物各有定数。"（65：3）"他预定万物，而加以引导。"（87：3）包括人类在内的宇宙万物都是由造物主创造出来的，亦在其意志之下存在和发展，所以，只有造物的安拉才是宇宙万物的中心。

（二）生态和谐的价值论：人是自然的一部分

在当代生态伦理学中，自然万物的价值问题是一个基本的范畴，也是一个关键性的词汇。[①] 当代回族伊斯兰伦理思想的"安拉中心论"所讲的"中心"，其实不仅是一个权威核心的概念，也同样是一个价值核心的概念。所谓价值，就是存在意义。按照伊斯兰教的存在价值思想，宇宙万物的所有存在，只有在造物主的意志之下才有意义，亦即才有价值。不过，当代回族伊斯兰教同其传统的思想一样，都承认存在物的价值是被创造的，被赋予的，而且，被创造的宇宙万物不仅各有其价值，他们还是一个相互依存的价值整体。"在整个宇宙系统中，自然万物各有其独特的地位和内在价值。"[②] "人及宇宙中其他一切生物和非生物均为安拉的被造物，共同组成唯一至大的造物主创造和统辖的大家庭。人类不过是地球上亿万种中的一种，每个生物，每个个体的人，都毫无例外的是被造物整体中的一个部分。大家都生存和拥挤在同一个地球上，生活在一个家庭中，构成一个完整的生态环境，人与自然之间有着不可分离的亲缘关系。"[③] 人是大地上无数生物中的一种，所以，人的生物价值是其基本的价值内容之一。

当代回族伊斯兰生态伦理思想在自然价值的认识上，同传统做法一样，强调其他宇宙万物为人类生存服务，其根据是《古兰经》经文："安拉创造天地，并从云中降下雨水，而借雨水生产各种果实，作为你们的培养；他为你们制服船舶，以便它们奉他的命令而航行海中；他为你们制服河流。他为你们制服日月，使其经常运行，他为你们制服昼夜。"（14：32—33）当然，也同传统的做法一样，当代回族伊斯兰生态伦理思想，最终强

① 参见傅华：《生态伦理学探究》，第172页。

② 马贤、马效智：《伊斯兰伦理学》，第358页。

③ 马贤、马效智：《伊斯兰伦理学》，第358页。

调的是宇宙万物针对最高造物主的价值，这才是造物之价值考虑的最大的目的之所在。“宇宙万物包括非生命元素如岩石和矿物，与动物一样，都是安拉的杰作，是体现安拉意志的有机体，它们赞颂安拉并荣显安拉的仁慈和万能，见证安拉的荣耀和伟大，都有其独立生存、繁衍的理由和权利。用伦理学的话语讲，所有物体不管有无生命，都和人类一样享有道德上的考虑性。”① 所依据的《古兰经》经文如：“凡在天地间的，都赞颂安拉——圣洁的、尊严的、明智的、超绝万物的君主。”（62：1）“七层天和大地，以及万有，都赞颂他超绝万物，无一物不赞颂他超绝万物。”（17：44）“在天上的和在地上的，与日月群星，山岳树木，牲畜和许多人，都叩拜安拉。”（22：18）其他宇宙万物不仅被创造来为人类服务，他们还都被赋予了“见证安拉的荣耀和伟大”的使命，所以，是具有独立存在和发展的权利的，而人类之必须尊重这一权利，则是造物主安拉的意志要求。事实上，当代回族伊斯兰生态伦理思想虽然承认其他宇宙万物有其内在的价值，但是，其相对于人类而言却只是工具或手段，因为，伊斯兰教要求人在实现自身价值的过程中，必须首先实现其他宇宙万物的价值。

（三）生态和谐的责权观：人是大地上的代治者

当代回族伊斯兰生态伦理思想赋予宇宙万物均以价值的做法，还不是其全部内容，其更值得注意的是人还被赋予了特殊的价值。“人是安拉被造的天地、山岳等被造物的有效组成部分，人与自然和谐统一，人须臾不能离开自然。安拉把人从自然界中提升出来，从智能上赋予人类意志自由、思维能力等独特的灵性，使人类具有一种超越的地位，具有统御其他被造物的权利。”② 人类的特殊价值在于手中握有对“大地万物的治理权”，如果没有或失去了这一治理权，“人将不成其为人类”。③ 不过，作为大地上的代治者的角色，人类相对于为自己服务的其他被创造物而言，仅拥有有限的权力，不能任性而为。“既然人类是代行管理之责，那么这清楚地

① 马贤、马效智：《伊斯兰伦理学》，第359页。
② 马贤、马效智：《伊斯兰伦理学》，第358页。
③ 马贤、马效智：《伊斯兰伦理学》，第360页。

意味着，在处理人与地球万物的关系时，人总是要受到更高权威的限制，受更大权利的制约，即必须符合造物主的旨意和意向。反过来说，人对地球万物的管理权绝非绝对的权利，人没有随意处置的自由，错误使用必遭惩处。这也意味着人类不仅要尊重万事万物的发展繁衍的规律，而且要遵从人与安拉的其他被造物之间关系的伦理准则。”① 尊重自然规律与顺从造物主的意志，在伊斯兰教看来，完全是同一码事，二者没有什么区别。

然而，当前人类却正面临着由于自己的不当行为而带来的生态危机。要问责的话，人类当然难辞其咎！当代回族伊斯兰生态伦理学也正在密切地关注人类面临的种种生态危机，如，温室效应、大气污染、土地沙化、水源污染、海洋危机、绿色锐减、臭氧层破坏、物种濒危、废气废液废物泛滥、人口激增等，并告诫道：“面对着日趋恶化的生存环境，人类应该彻底反省，立即停止一切招致灾难的行为，尽快缓解人类社会中各种难以化解的冲突和矛盾，改变同自然界的敌对状态和一味索取的态度，为自身营造一片宁静祥和的生存空间，为其他被造物铺平一条延续生命的道路。”② 人类不仅未很好地尽到代治者的职责，还成为自然生态环境的破坏者，遭到报应是必然的，然而，这在伊斯兰教看来，却是安拉在惩罚人类。“人类不能因为受到安拉特恩，有理智有能力，就可以剥夺其他生物的生存权利，而应以公正、合作、友善的态度对待天地万物。善待生态环境就是善待人类自身。《古兰经》说：‘行善者自受其益，作恶者自受其害。然后，你们要被召归于你们的主’（45：15）。又说：‘凡你所享的福利，都是安拉降赐的；凡你所遭的祸患，都是你自讨的’（4：79）。”③

（四）生态和谐的理想观：实现人间的天堂

在人类的代治下，生态和谐是有望得以实现的。那么，它的理想状态是什么样的呢？“伊斯兰伦理整体和谐的生态自然观突出地表现在天园所代表的理想生态境界上。伊斯兰教把《古兰经》启示中叙述的天园，作为

① 马贤、马效智：《伊斯兰伦理学》，第360页。
② 马贤、马效智：《伊斯兰伦理学》，第371—372页。
③ 马贤、马效智：《伊斯兰伦理学》，第373页。

人与自然和谐交融的最高理想境界。”伊斯兰教认为天堂是“善人”的最好的归宿，而一个生态和谐的大地，本身就堪比人间的天堂。回族伊斯兰教生态伦理思想相信，这样的天堂是可以实现的。“伊斯兰文化的和谐生态伦理观及其辉煌成就将会与其他民族文化和现代科学精神紧密结合，重放光辉的异彩，对克服生态危机、促进人类文明可持续发展方面产生重大的精神价值，激励人们在新的世纪里创造一个枝繁叶茂、清泉潺潺、鸟语花香的和谐生态美的世界。”[①]

二、当代回族伊斯兰教的人生和谐思想

在当代回族伊斯兰教的人生和谐思想中，“德性”和“幸福”是两大关键的范畴。《伊斯兰伦理学》曾引用过古希腊著名哲学家亚里士多德《尼各马科伦理学》中的一段话：“由于幸福是一种合于德性的现实活动，因此，对德性的研究就刻不容缓了，这种研究很可能有助于我们对幸福的观察”。[②] 在伊斯兰教看来，德性即人的本来之性，它是纯善无恶的。“《伊斯兰性学解》云：‘人性本善，且纯而洁，无美不备，无善不全，无纤尘之染’。”[③] 当代回族伊斯兰教的人生和谐思想，也强调“道德”这个范畴，认为道德与宗教，宗教与道德，是二而一，一而二的关系。当代著名伊斯兰学者格尔塔威在其《信仰与人生》中就曾引用印度甘地的一段话，指出：“宗教与优良的道德，实质是一件事，二者不能分离，彼此相互依赖，二位一体。宗教是道德的灵魂，道德是宗教的空气”。[④] 所以，当代回族伊斯兰教有关和谐人生的思考，其基本命题应该是，凡是本着德性、道德、宗教（伊斯兰教）生活的人，就是一个幸福的人，也是一个有着和谐人生的人。

---

① 马贤、马效智：《伊斯兰伦理学》，第369—370页。

② 马贤、马效智：《伊斯兰伦理学》，第402页。

③ 程法勒：《解析》，非正式出版物，2007年，第79页。

④ 〔埃及〕优苏福·格尔塔威：《信仰与人生》，马恩信译，天马出版有限公司2007年版，第181页。

（一）人生和谐的人性论：净染两观

有关人生和谐的思考，固然离不开人性。伊斯兰教对于人性有其相当传统的看法，如上所言，一般认为人性本善，其根据是《古兰经》的一段经文：“以灵魂及使它均衡，并启示它善恶者发誓：凡净化自己性灵者，必定成功；凡戕害自己的性灵者，必定失败”（90：7—10）。“性灵”（灵魂、人性）可以“净化”，说明它原本就是纯净无染的，这就是“善”的意思。可是，伊斯兰教还认为，人性也有恶的一面，其根据也是《古兰经》的一段话：“人性确怂恿人做恶的”（12：53）。怂恿人做恶的，肯定是恶的人性。那么，什么人性才是恶的呢？“《伊斯兰性学解》云：‘人性本善……及著于形，污染渐深，陷于气血，蹈于皮囊，求诸滋养，赖诸着落，则气禀日升，而真理蔽矣’。”[①] 原来，本善的人性，只是抽象之物，至于人性的恶的一面，乃是指的现实社会中的具体的人性。人类的现实社会是十分复杂的，善恶相杂、并陈，物欲横流、泛滥，当今时代同样如此。“国家实行开放政策以后，人的欲望如洪水猛兽，逾〔愈〕演逾〔愈〕烈，贪官、赃官，多如牛毛，腐败现象极为猖獗”。[②] 正是由于受到复杂社会环境的污染或影响，人性因此有了恶的含义。这样的人性，《古兰经》中有个说法，叫做“奈夫思艾玛赖”（自任性），实际是指人的欲性，即欲望之性，与天理之性相对而言。[③] 受恶的人性支配的人，是不会有幸福可言的，这是情理之中的事。

（二）人生和谐的实践论：功在净化

由于人性有了污染一说，要恢复其本来状态，就必须设法令其净化。净化的关键无他，就是克制私欲。“人类最大的敌人莫过于私欲，所以穆圣说战斗分为两种：一是对敌战斗，一是同自己的私欲战斗。”“穆圣又说：‘我唯恐你们染上两种恶习：跟从私欲；追逐奢望’。因为有了私欲就

① 程法勒：《解析》，第79页。
② 程法勒：《解析》，第154页。
③ 程法勒：《解析》，第79—80页。

会产生邪念，邪念变成事实就会导致犯罪。因此，克制私欲，降服欲念，遵循正道，是每个穆斯林应时常加以注意的事项。”① “崩溃的理智之所以不受约束，是因为私欲占了上风，因而，他只想到怎样才能捞到金钱、名声和地位，为了达到这些目的和满足个人的欲望，他会不惜一切代价，甚至不择手段，至于是否符合国法与法规，他视而不见，听而不闻”。②

不过，以“崇尚中道”著称的伊斯兰教，并不是反对一切私欲，只是提倡节制或克制私欲，而不是灭绝私欲。“古人云：‘君子中庸，小人反中庸。君子之中庸也，君子而时中；小人之反中庸也，小人而无忌惮也’。同样，一个真正的穆斯林是行中正之道的，而那些假穆斯林们是反对、违犯中正之道的。真正的穆斯林们之所以能坚持此道，是因为他们的言行符合于天道和人道组成的‘伊斯兰中正之道’；假穆斯林们之所以不遵中正之道，是因为他们随从了私欲，出卖了良知”。③ 伊斯兰教的“中道”要求人不能有过分的欲望，凡事适可而止。“在今世生存就离不开维持生命的元素，而这些元素只来源于物质，人赖以生存的这些物质的基础则是衣、食、住、行；没有饭吃，拜不了主；没衣穿，不能拜主；吃饱了，穿暖了，没有避风挡雨的房屋，就会遭受自然灾害的袭击，甚至为此会失去我们宝贵的生命……没有政治，没有法律，社会就会混乱，在混乱的社会环境中拜主就更艰难了……也就是说，**拜主之余为衣、食、住、行而奔波，奔波之中拜主是穆斯林的人生观”**。④（黑体为引者所加。引者还对引文进行了重新标点，上下文凡有与原文不同者，同此。——引者注）

经过净化的人性，恢复了它原本为善的面貌，也恢复了它本来应有的安定（安宁）状态。这一安定的状态是人和安拉都喜悦的，也是和谐人生的体现。“安定的性灵啊！你应当喜悦地，被喜悦地归于你的主。你应当入在我的众仆里；你应当入在我的乐园里”（89：27—30）。《解析》的作

---

① 白清真：《伊斯兰教倡导节制私欲》，见中国伊斯兰教协会编印：《卧尔兹演讲集》，非正式出版物，1999 年，第 141 页。

② 马占林：《穆斯林的劲敌：私欲》，见中国伊斯兰教协会编印：《卧尔兹演讲集》，非正式出版物，1999 年，第 136—137 页。

③ 马占林：《穆斯林的劲敌：私欲》，第 139 页。

④ 马占林：《穆斯林的劲敌：私欲》，第 137 页。

者将此“安定的性灵”与“自责的性灵”一起，称之为“理性”，即“善性”。[①] 格尔达威则在谈到安宁对于实现幸福的重要性时讲道：“真信士既不会对已往失去的东西悲伤、啼哭、忧愁，也不会以急躁、愤怒的态度来面对现实，更不会以畏惧、惶恐的心情去迎拉未来。所以心境安宁地生活，好像在乐园里一样……没有这种心灵上的安宁，什么幸福就无从谈起。”[②]

（三）人生和谐的境界论：层次三分

回族伊斯兰教传统上认为和谐人生的最高境界是人主合一，这是指的苏非主义的修行结果，真正修持的仅是少数人。当代回族伊斯兰教则在此之外，更看重普通穆斯林的道德修养境界。《伊斯兰伦理学》作者讲道：“较为中正的意见，是把既非先知又非不归信者，也就是一般穆斯林的道德境界划分为三种”：

1. 生理境界

《伊斯兰伦理学》作者认为，处于这种境界的人，几乎没有什么伊斯兰道德观念，或者虽有一定的道德知识，却并不实行，而是为了满足自己物质的、生理的、精神的种种欲求，贪财好色，损人利己，作恶多端。其原因是信仰尚还薄弱，心灵处于黑暗之中，并受私欲主宰。这一认识所依据的经文就是：“你告诉我吧！以私欲为主宰的人，安拉使他明知故违地迷误，并封闭他的耳和心，在他的眼上加翳膜；安拉使他迷误之后，谁还能引导他呢？难道你们不觉悟吗？”（45：23）

2. 良知境界

《伊斯兰伦理学》作者认为，处于这种境界的人，已经了解乃至熟知了伊斯兰道德规范，也能在实践中遵照执行，具备一定的自制力，从而能够部分地节制私欲，趋善避恶。他们之所以这样，主要是由于顾及社会舆论和法律，尤其是害怕后世审判，是带有功利性的。这是良知和私欲较量最激烈的一个境界，哪一个占上风，将决定着进入还是退回前后两个境界之中。

---

① 马占林：《穆斯林的劲敌：私欲》，第80页。

② 〔埃及〕：优苏福·格尔塔威：《信仰与人生》，第128页。

3. 性灵境界

《伊斯兰伦理学》作者认为，处于这种境界的人，已有极强的自制能力，既不会作恶，也很少动恶念，举止行为皆以安拉的喜悦为准。“达到这样的境界，人便表现出诸多完美的道德品质，例如仁民爱物，不怨不恶；勉善止恶，善与人同；立志为道，贫贱不移；患难生死，毫不介意；控制食欲，言行依礼；知足自立，不贪不求，等等”。达到了这一境界，也就达到了穆罕默德时代其诸多弟子的道德修养水平。①

当代回族伊斯兰教显然认为达到“性灵境界”的人生，就是和谐的人生。

（四）人生和谐的幸福观：两世吉庆

和谐人生与道德人生同义，也与幸福人生同义，因此，从当代回族伊斯兰教所倡导的幸福人生的思想中，我们便能够看出：其所期冀的和谐人生是什么？有一位宗教人士在其“卧尔兹”中写道：“穆斯林的人生观是褡裢式的，要两头装。穆圣说：‘今世是后世的田园’，就是这个道理”。②伊斯兰教寻求两世吉庆，但由于后世吉庆要依赖于今世吉庆，所以，今世吉庆就成了当代回族伊斯兰教对幸福关注的出发点。更主要的是，伊斯兰教始终认为，只有一个有道德的穆斯林，才是真正幸福的人。《伊斯兰伦理学》一书引述著名伊斯兰哲学家法拉比《论幸福道路的指示》中的话讲道：“中世纪伊斯兰著名学者法拉比明确指出：‘人所追求的就是善与全，幸福是最大的善，人一旦达到自身的这个善，他的幸福就全了’。他还认为，人们如果拥有安拉喜悦的各种美德，‘就实现了今世生活中的最低幸福和来世生活中的最高幸福’。”③ 上述思想的依据是《古兰经》中类似“归信而且行善者，得享幸福和优美的归宿”（13：29）的经文。所以，当代回族伊斯兰教所期冀的和谐人生，其实就是一个讲究伊斯兰道德的人生。

---

① 马贤、马效智：《伊斯兰伦理学》，第432—433页。

② 马占林：《穆斯林的劲敌：私欲》，第137页。

③ 马占林：《穆斯林的劲敌：私欲》，第411页。

三、当代回族伊斯兰教的家庭和谐思想

家庭自其出现起，就一直是人类基本的社会单位；家庭的和谐美满，也是和谐社会的必要组成部分，没有家庭和谐就没有社会和谐，家庭道德因此被视为“第一道德”。当代回族伊斯兰教也向往家庭和谐。《伊斯兰伦理学》作者讲道：“由于人类社会以家庭为基本单位，因此家庭的和谐和美满又直接关系到社会的稳定和发展”，作者还分别引用了费尔巴哈与歌德的话“性关系可以直接地看做是基本的道德关系，看做是道德的基础”[①]，“婚姻是一切文明的开端，也是一切文明的顶峰”[②]，来证明人类的性与婚姻的重要性。当代回族伊斯兰教的和谐家庭思想就体现在对性与婚姻问题的极大关注上，认为只要尊重以夫妻关系为主的家庭成员的平等权利，正确处理两性与婚姻关系问题，使家庭正常发挥其应有功能等，这样的家庭就是和谐的家庭。

（一）家庭和谐的婚姻观：目的与动力

当代回族伊斯兰教承认性爱是婚姻的基础，但是，同时认为，“安拉恩赐人类以性爱，主要是为了人繁衍后代”。“婚姻制度及（至）夫妻之爱，本质上是为着生育并教养子女的，敬畏安拉的人不会违抗安拉赋予人类性爱的根本目的”。这意思就是说，人类性爱基础上的婚姻其根本目的是为了人类自身的繁衍，所以，人类才被造了具有生育功能的器官，否则，这些是没有必要的。“创造的伟大机制（真主）为了达到自己的目的，保护种类，便创造了生育后代的器官，借之生育出雄性或雌性”。[③] 至于性爱本身，则是人类自身繁衍的动力。“伊斯兰伦理认为，性爱产生快感与愉悦，但快感与愉悦并非性爱的主要或唯一目的。造物主之所以给性爱赋

---

① 马占林：《穆斯林的劲敌：私欲》，第196页。

② 马占林：《穆斯林的劲敌：私欲》，第213页。

③〔波斯〕穆团黑里：《伊斯兰教与妇女》，穆斯林译，（非正式出版物，原著有作者1975年序），第92页。

予一种享受的属性，是促使人更充分地运用这种能力，维持及延续人之生命”。[①] 性爱这一动力本身的来源，乃是其具有产生快感与愉悦的属性。由于性爱是人类繁衍的动力，所以，压抑正常的性爱是不可以的。“无情地压抑甚至完全毁灭性欲，无异于压抑人的智力和体力，因为人的主要驱动力之一是他的性力量”。[②] 当然，人类社会的无数经验证明过度放纵性欲也同样是有害的。“因此，健康和虔诚社会的主要责任，是把人的这种天性从自我放纵和完全禁欲引导到适中的状态”。[③] 正是出于人类繁衍这一根本目的，以及要把性欲引导到适中的状态，人类才自然形成了家庭这一社会的基本细胞。经验证明，家庭是最有用的引导方式。不仅人类如此，其他物种也无不如此。这一思想所依据的《古兰经》的经文是：“我将每种物造成配偶，以便你们觉悟”（51：49）。“人类社会与动物世界不同，人类是以家庭为社会基本细胞，家庭的纽带是在法制保护下的男女两性关系”。[④] 人类社会自有家庭以来只保护家庭的两性关系。

（二）家庭和谐的两性观："自然平等"说

当代回族伊斯兰教自认为，无论是在社会的两性关系中，还是在家庭的夫妻关系中，坚持的都是男女平等的原则。穆华芬在其所撰写的题为“论伊斯兰教的妇女观”的“卧尔兹”中，针对《古兰经》的“她们应享合理的权利，也应尽合理的义务”（2：228）等经文讲道：“伊斯兰教非但不歧视妇女，而且还主张解放妇女，赋予妇女独立的人格和受尊敬的地位，以便她们同男子一样在参与社会活动和创造社会财富上享有平等权利和报偿”。[⑤] 当代回族伊斯兰教不仅承认夫妻平等，还主张所有家庭成员一律都是平等的。“家庭所有成员权利和义务平等，是伊斯兰教处理家庭关系的重要原则之一”。[⑥] 不过，这个平等原则不是人为的，而是自然的，

---

① 马贤、马效智：《伊斯兰伦理学》，第195—196页。
② 马贤、马效智：《伊斯兰伦理学》，第203页。
③ 马贤、马效智：《伊斯兰伦理学》，第203页。
④ 蒋敬编译：《穆斯林妇女丛谈》，非正式出版物，第120页。
⑤ 中国伊斯兰教协会编印：《卧尔兹演讲集》，非正式出版物，1999年，第418—419页。
⑥ 马贤、马效智：《伊斯兰伦理学》，第222页。

即，这是一种承认男女自然生理差别基础上的平等，是人性和人道主义的平等，或者，是基于男女两性自然的内在价值之不同上的平等。“伊斯兰教维护了男女人性的平等原则”。[①]“自然界的被造是有目的的，同时应注意一下潜伏在存在物中的各种潜能、能力的目的”。这些“各种潜能、能力”即内在的价值。“在家庭中男女的需求与能力并不相似。他们的天性、本性不同。创造的机制为他们规定了不同的职务与作用，为他们规定了各自不同的轨道”。[②]依据这些自然拥有的（被造的、天赋的）“不相似”，即差别，当代回族伊斯兰教所谓的男女平等原则，可以被视为某种“自然平等”观。

当代回族伊斯兰教的男女自然平等思想，表现在男女各具有的内在价值方面，还有一个传统上的形象的说法，即，《古兰经》把夫妻关系比做衣服的说法：“她们是你们的衣服，你们是她们的衣服”（2：187）。《伊斯兰伦理学》作者对这一段经文诠释道：“世界上所有的动物，只有人必须穿衣服，而且善于制作衣服。衣服是人体的保护、安全、温暖、体面和装饰。与人的身体接触最密切莫过于衣服：知你的寒暖，知你的饥饱，知你的情绪，知你的心跳。而且，衣服掩盖人的丑陋、人的弱点、人的机密……夫妻之间的尊重、关心、呵护、理解和帮助，莫不如此”。[③]蒋敬对这一段经文的解读是：“这个比喻很生动，很明确，说明了夫妇之间的互相依靠和平等的关系。先知穆圣也曾经把夫妇关系比做‘两个人如同一对双胞胎中的一个’”。[④]夫妻之间的价值关系是自然互补的。

（三）家庭和谐的分权论：针对男权的要求

当今社会基本上是一个男权社会，男人的态度决定了妇女在家庭中的地位与尊严。因此，任何一种试图维护和谐美满家庭生活的文化，无不对男权加以限制，对男人的行为和态度提出更多的要求。毋庸讳言，当今的穆斯林社会仍保持着男权主导下的家庭生活方式，但难能可贵的是，伊斯

① 〔波斯〕穆团黑里：《伊斯兰教与妇女》，第45页。

② 〔波斯〕穆团黑里：《伊斯兰教与妇女》，第75—76页。

③ 〔波斯〕穆团黑里：《伊斯兰教与妇女》，第215—216页。

④ 蒋敬编译：《穆斯林妇女丛谈》，第51页。

兰教自穆罕默德时代起，就提倡尊重妇女，善待妻子，以此对男权提出郑重的要求。“在先知穆圣亲自宣教时期，他从来没有忘记告诫他的弟子们要善待妻子。他说：‘你们要敬畏真主，要尊重妇女’。‘你们当中最好的人是善待妻子的男人’……‘一个男人越是对自己的妻子温和、善良，他的信仰越是完美’。”① 尊重妇女，善待妻子实际上被视为穆斯林男子功修的一部分，是他们中拥有高尚品质者的表征。当代回族伊斯兰教和谐家庭的“分权论”，就是以这一根本要求为前提的，而其依据的原则，乃是其所讲的男女两性各自拥有的内在价值的不同。“他们的天赋的自然权力是有区别的。丈夫因为是丈夫，所以拥有特殊的权利和义务；妻子因为是妻子，所以拥有着另一种权利和义务。因此，家庭中的兄弟姐妹、父母儿女的情况与公司、工厂的同事之间的情况有所区别。‘男女的家庭权力不相似’——伊斯兰教所提倡的——正是建立在这一假设的基础上的”。② 显然通过这种恰当的分权（包括义务），伊斯兰教倡导的男女两性的自然平等原则，就有了得以落实的可能。

（四）家庭和谐的功能论：播种理想种子的田园

家庭作为基本的社会组织，承担着社会分予的本属的职能。根据《伊斯兰伦理学》的思想，穆斯林家庭所承担的主要的社会职能，包括经济、教育、信仰启蒙等三大方面。家庭的经济职能显然是建立和谐美满家庭的必要的物质基础：“作为经济单位，家庭为其成员提供每天的食品、住所和衣物，家庭许多任务都与此有关。围绕这一目的，每个有能力的家庭成员，都有义务通过其家务劳动和工资等收益，来维持家庭经济的正常运转”。对于相对贫困的家庭而言，“在一个具备勤劳、俭朴和相互谦让美德风气的家庭，较少的收入也不至于使家庭成员感到物质生活的窘迫”。家庭的教育职能，在于其“为每个家庭成员特别是未成年人理智和道德上的发展提供最佳平台”；还有信仰启蒙职能，则是指“家庭是绝大多数人终

---

① 蒋敬编译：《穆斯林妇女丛谈》，第52页。

② 〔波斯〕穆团黑里：《伊斯兰教与妇女》，第74页。

身信仰的萌发之地”。[①] 这后一职能，对于我国几乎是全民信教的回族穆斯林家庭而言，是具有现实意义的，因为，对于他们的每一位成员而言，其伊斯兰教信仰的种子，确实是在家庭环境中通过耳濡目染而最早播下的。显然，对于一个回族穆斯林家庭而言，婚姻合法有效，两性自然平等，夫妻权利义务划分明确合理，就会为其家庭的各项职能的正常有效发挥提供良好的基础，而家庭各项职能的正常有效发挥，则又是缔造和谐美满家庭的有力保障。

四、当代回族伊斯兰教的社会和谐思想

批判以西方为代表的现实社会是当代一些伊斯兰思考者的一个重要主题。在穆斯林批判者的眼中，西方文明“原来都是些色情、酗酒、毒品、艾滋病、私生子、同性恋、摇滚乐、脱衣舞、男女混杂、裸体广告、模仿基督徒、宣传无神论，使整个社会堕落得体无完肤，面目全非”[②]。当今时代，虽然是各式各样传统的、现代的文明并存，但是，科学技术发达的西方文明的影响却无处不在，所以，人类社会与上述所谓“现代病”也就结下了不解之缘，这样认识也许偏颇，但是，这确是批判者的某种共识。不过，穆斯林批判者也清楚地知道，把“目前许多穆斯林国家出现的腐败现象全部推给西方列强侵略带来的罪恶，也不很公正，这些国家统治集团的腐败早在西方入侵以前就开始了”，以至于当今人们已找不到一个“完美的穆斯林社会模式”了。[③] 这个已经消失的完美的模式指的乃是穆罕默德与四大哈里发时代。所以，当代社会是一个不幸福的、不和谐的社会。人们都在寻找根治现代社会问题的良方。伊斯兰教所开的良方其实很简单，就是重新找回当年完美的社会模式，具体包括：

---

① 〔波斯〕穆团黑里：《伊斯兰教与妇女》，第222页。

② 叶海亚·艾麦利克：《伊斯兰学》，蒋敬编译，内部读物，佳信工作室，未注出版年代，第794页。

③ 叶海亚·艾麦利克：《伊斯兰学》，第795页。

(一)“民主协商”的政治伦理模式

在中国当前的环境下，强调伊斯兰教政教合一的政治体制和伊斯兰教法显然没有现实意义。但是，政治民主却是普世的价值追求。不过，值得注意的是，除非是对西方式民主顶礼膜拜的人，非西方社会中的主流意识，似乎没有人认为民主是西方的专利，恰恰相反，人们都在努力寻找自己的民主传统。当代的穆斯林社会从其传统中挖掘出来的就是伊斯兰式的“民主协商”原则（注意：这与我国当前的政治协商制度有不谋而合之处）。这一点在我国的回族伊斯兰教中得到了坚持。我国广大的回族穆斯林在坚守爱国主义这一大原则的前提下，也全面认同伊斯兰民主协商的模式。S. M. Moin Qureshi 博士在《笔直大道》（*The Straight Path*）一书中指出，早在穆罕默德领导的麦地那公社时代，“伊斯兰就告别了王朝式的政权形式，而建立了民主政治，以此选出现有的最好的人来充当国家的统治者。先知迁到麦地那后建立了第一个伊斯兰国家，还通过具体的契约得到了犹太人和麦地那人的效忠。这一安排直到他去世。他没有指定 Abu Bakr（RA）做他的接班人，后者是由信众推选出来的。”穆罕默德之后的哈里发国家不是王朝国家。伊斯兰民主的具体治理形式是协商。根据是《古兰经》经文：“他们的事情是互相商议的”（Ash-Shoora：38）。“尽管伊斯兰为效率考虑，不忘指定一个人担负全责，但却通过理事会来进行管理。伊斯兰倾向以大臣理事会来根据情况解释法律。圣先知（SAW）就有那样一个理事会，按照《古兰经》的命令来做，就是‘……当与他们商议公事’（Aal-e-‘Imarn：159），在重要事务上向他们咨询。”[①] 马贤等在《伊斯兰伦理学》中也强调“民主协商是为政者应有的作风”，指出：“作为穆斯林‘乌玛’的领袖和最高统率，先知在贯彻安拉有关协商的启示方面堪称模范。先知常同才华出众、贤明能干的门弟子艾卜·伯克尔、欧麦尔、奥斯曼、阿里、宰德·本·萨比特等人商议大事”。[②]

---

① Dr. S. M. Moin Qureshi, *The Straight Path*, Karachi: Royal Book Company, 1998, p. 65.

② 马贤、马效智：《伊斯兰伦理学》，第 310 页。

(二)"公平诚信"的经济伦理模式

我国经济社会的发展需要公平和效率两者兼顾。我们是社会主义国家，实现公平是其本质体现，所以，必须讲究机会和利益公平，但是，又不能以此影响发展速度。就经济公平与社会公平两者关系而言，前者又是基础。我国的社会主义市场经济也同样是一种严酷的竞争经济，最终的成败得失，不仅决定于参与竞争的主体的实力，也决定于主体的精神。当代回族伊斯兰教的"公平诚信"原则就是与这样的背景相一致的。当然，从这一原则的渊源上看，不仅有来自经训方面的依据，更体现了回族长期从事经商的实践理性精神，即是说，回族的"公平诚信"这个经济伦理模式，首先体现在其工商业传统之中。"伊斯兰教据此（指相关的《古兰经》经文。——引者注）认为，道德经济的特征是自由、诚信、竞争、公平，关键是诚信、公平。因此，主张在经济活动中公平交易，反对投机；合理竞争，反对垄断；诚实经商，反对欺诈。这些道德规范，恰似另一只'真正看不见的臂膀'，有助于规范人们的经济行为，有助于维护正常的市场秩序，保护市场主体和消费者的正当权益，从而对建立经济健康发展起到保障作用"。[①] 这一经济伦理模式所依据的《古兰经》经文，如："从你们的主发出的证明，确已来临你们了，你们当使用充足的斗和称，不要克扣别人所应得的货物"（7：85）。"你们应当秉公地谨守衡度，你们不要使所称之物分量不足"（55：9）。这些最初显然都是针对穆斯林商业行为的规范要求，而在当今市场经济条件下又得到全面的解释和运用而已。当代回族伊斯兰教所秉持的经济公平伦理还有更根本的教义思想为基础。根据《伊斯兰伦理学》，伊斯兰经济伦理的核心是财产权问题。伊斯兰教一方面维护私有财产权，另一方面，却又强调真正的财产所有权属于造物主安拉，人只是代管这一财产权，其《古兰经》的依据有："天地的遗产，只是安拉的"（57：10）；"天地的库藏，只是安拉的"（63：7）。[②] 伊斯兰教认为，安拉"普慈"全人类，所以，经济公平归根到底还是来源于财产权

---

① 马贤、马效智：《伊斯兰伦理学》，第295—296页。

② 马贤、马效智：《伊斯兰伦理学》，第282—283页。

公平思想。

（三）“公道正义”的法律制度模式

在我国世俗的社会主义制度下，从全国范围内看，伊斯兰教法固然没有其存在的意义或发挥作用的余地，但是，伊斯兰法的精神和部分伊斯兰教法内容（如涉及宗教本身的那部分内容等）在包括回族在内的各族穆斯林中还发挥着重要的影响作用。长期的伊斯兰法律实践中形成的重要且在当代值得发扬的精神之一就是其“公道正义”精神。什么是公道正义？王秋平在其写的一篇卧尔兹“伊斯兰教的公道观”中，认为公道的人应该具备四种品格：一个人与他人关系再不好也不会无端指责；一个人与他人关系再好也不会丧失原则；私欲再大也不能使他背离真主的命令；世间浮华再诱人也不能使他疏忽服从真主的禁令。[①] 由此可以看出，伊斯兰法的公道正义原则，就是严格按照伊斯兰法行事，充分依靠证据，作出公正的评判，让应该得到什么判决的人就得到什么判决，换言之，就是不冤枉一个好人，也不放过一个坏人，从而起到法律惩治邪恶，伸张正义的作用。当然，这一公道正义原则不仅运用于伊斯兰法及其司法实践之中，它还是一项道德原则，在穆斯林社会生活中均能得到贯彻，这与伊斯兰法具有某种道德法的特征是一致的。所以，据说经注家们的解释一般包括以下几点：对主的公道、判决的公道、家庭的公道、说话的公道、思想的公道。[②] 其经训根据有：“信道的人们啊！你们当尽忠报主，当秉公作证，你们绝不要因为怨恨一伙人而不公道，你们当公道，公道是最近于敬畏的”（5：8）。据说当年穆罕默德列举的三大罪之一就是说谎作伪证，另两项大罪是以物配主，忤逆双亲。穆罕默德还讲在清算日到来时，得到真主“荫庇”的七种人中，列在首位的就是“公道的领袖”。[③] 相反，作为领袖如果不公道，也应获得最重的判罚。另外，根据有关第二任“正统”哈里发欧麦尔的传说，他曾为受虐待被奴役的人辩护道：“……要奴役到何时？他们的母亲

---

① 王秋平：《伊斯兰教的公道观》，见中国伊斯兰教协会编：《卧尔兹演讲集》，非正式出版物，1999年，第58—59页。

② 王秋平：《伊斯兰教的公道观》，第55页。

③ 王秋平：《伊斯兰教的公道观》，第54、57页。

生下他们的时候，是自由的啊！”[1] 所以，受到公道正义的对待，是造物赋予生来就自由的人应有的人权。

（四）“平等团结”的族群关系模式

民族宗教问题是当今国内外的热点问题。民族问题同宗教问题往往紧密地交织在一起。宗教既可以帮助解决民族问题，也可以使民族问题更加复杂化。因此，在我国实行宗教信仰自由政策，与维护和发展社会主义民族平等、团结、互助、和谐的关系，是相互配套的、内在一致的政策体系。我国的回族穆斯林对该政策体系是认同、接受、遵守的。伊斯兰宗教职业人士（阿訇）尤其在宣教活动和撰写卧尔兹时，把“平等团结”作为重要主题来讲。伊斯兰教主张造物面前人人平等，全人类都是阿丹的子孙，《古兰经》说：“世人原是一个民族”（2：213）。所以，民族之间的平等团结关系的维护从根本上看是有保障的。戴俊峰讲道：“伊斯兰教是和平的宗教，‘精诚团结’是伊斯兰教的基本思想和重要特征之一，它倡导消除人类的一切隔阂，最终建立一个平等团结、合作互助、和平安定的社会大家庭”。[2] 毋庸讳言，伊斯兰教传统上就有视异教徒（非穆斯林）为“卡非儿”，死后不能进天堂，并有向敌对的异教徒发动圣战等思想；只强调伊斯兰教信仰基础上的团结等，这些都是不利于民族团结的。在当今时代，如何消除这一传统做法的不良影响，如何杜绝类似思想观念，显然是当代回族伊斯兰教面临的一项重要课题。所以，在当前经训新解中，就特别突出伊斯兰教是一个倡导和平的宗教的主题，而强调平等团结就是这一和平精神的体现。金贤友在“伊斯兰教与人类和平”卧尔兹中讲道：“伊斯兰教是个全面和平的宗教。穆斯林要从实现个人和平、家庭和平到全社会、全人类的和平，在和平的气氛中达到全世界融洽相处，以此接近真主”。又：“中国穆斯林在中华大地上生活了近千年历史。千百年来，我们与各兄弟民族共荣辱、同存亡，用鲜血和生命谱写了一曲曲维护和平的赞

---

① 王秋平：《伊斯兰教的公道观》，第57页。

② 戴俊峰：《浅谈伊斯兰教的团结观》，见中国伊斯兰教协会编：《卧尔兹演讲集》，非正式出版物，1999年，第393页。

歌。在党的领导下，我们才获得了解放，有了今天的和平和安宁。当今中国正处在和平发展时期，社会稳定繁荣，经济飞速发展，中国穆斯林的政治、经济和文化地位日渐提高，宗教生活稳定。因此，我们穆斯林要发扬伊斯兰教爱国、爱教、爱和平的优良传统，带头维护这一和平稳定的大好局面，并拥护我国政府在国际事务中的和平主张与行动”。①

① 金贤友：《伊斯兰教与人类和平》，见中国伊斯兰教协会编：《卧尔兹演讲集》，1999年，第405—406页。

第二编

宗教实践调查

第六章　具有中国特色的宗教实践经验

宗教实践是指宗教的全部生活，也包括跟宗教有密切关系的那部分社会生活。具体言之，主要分为两大类，一类是指宗教自身的行教实践，一类是指宗教的社会管理实践，这是一种深刻地体现着宗教与政府、宗教与社会之间关系的实践活动。两类宗教实践活动都是在特定的时代、特定的社会环境下进行的，其所获得的宗教实践经验因此也必然带有特定时代或受特定社会环境影响的明显特征，这些特征集中地体现在宗教实践理念与行为模式上。宗教实践经验也包括宗教行教经验和宗教管理经验两个类别。中国共产党在其长期的社会革命和建设实践中，本着马克思主义的历史唯物主义的宗教观，历来密切关注并慎重对待宗教问题，注意把宗教人士纳入到统战工作之中，新中国成立以来，尤其是改革开放以来，更是不断创新宗教管理模式，总结成功经验，创造了我国宗教今日之正常发展的局面，这是一种被穆斯林群众认同为“宗教发展的黄金时期”的局面。当前，我国宗教管理的成功经验被总结为四句话：一是宗教信仰自由；二是依法加强宗教管理；三是独立自主办教；四是积极引导宗教与社会主义社会相适应。这是我国教俗两界共同探索并广泛认同的宗教实践经验，它是具有深刻内涵和真实内容并最具中国特色的宗教实践经验。正是这一体现着思想正确、政策合理、措施得当、贯彻到位的深刻经验，保证了宗教在我国既能正常存在和发展，也能保证做到“四个维护”，即，维护法律尊严，维护人民利益，维护民族团结，维护祖国统一，这是根本的社会价值维护。

一、自由与法：具有中国特色的“宗教信仰自由”政策

（一）宗教信仰自由体现着我国特殊社会背景下对宗教人权的尊重

宗教信仰属于“天赋”人权范畴。马克思主义无神论虽然否定神的存在，认为宗教是人类社会发展到一定阶段的历史现象，有其产生、发展和消亡的过程，但是却非常重视宗教人权问题，尊重人们宗教信仰的自由权利。我国的宪法和相关的宗教立法因此郑重承诺“保障公民宗教信仰自由”。《中华人民共和国宪法》的第三十六条和依据该宪法精神制定的《宗教事务条例》的第二条，都规定中华人民共和国“公民有宗教信仰自由”。这是对我国公民宗教人权的极大尊重。我国的相关立法还对维护这一原则精神有更具体的规定，如，《宗教事务条例》第二条就进一步讲：“任何组织或者个人不得强制公民信仰宗教或者不信仰宗教，不得歧视信仰宗教的公民或者不信仰宗教的公民”；第三条规定：“国家依法保护正常的宗教活动，维护宗教团体、宗教活动场所和信教公民的合法权益”。我国有关立法是用来保障公民宗教信仰自由的合法权益的，是对所谓“天赋”宗教人权的尊重，而不是如社会上一些人所理解的或个别人所散布的，我国的宗教人权是法律赐予的，而不是公民自然拥有的。

以国家根本法——宪法——和专门的宗教立法来保障公民的宗教信仰自由的合法权益，在我国有着特殊的社会历史背景。从历史上看，我国几千年以来所崇尚的人文精神，其主流是强调以人为本，敬鬼神而远之；而往后推，30 多年以前，我国才刚刚告别极左的年代，在那个年代，公民宗教信仰自由的合法权益曾受到过无理的践踏，这对宗教而言，是一段难以抹去的不好的历史记忆。从现实的信仰结构方面看，中国如今似乎被认为是对宗教“不友好”型的国度，这是因为至今学术界流行着一种看法，认为全世界十几亿的无信仰者，大多数都在中国，而其中几乎清一色的是汉族人。其实这是一种误解。的确，我们看到，几乎没有哪一个有影响的宗

教曾统一过全体中国汉族人的信仰，但是，“敬天法祖”意识和民间信仰却在广大的汉族人中广泛分布着。汉族人同世界上其他的人一样，也是有宗教信仰情结的，这就是为什么古今以来佛教、基督教等宗教能够在中国汉族人中获得不断传播的重要原因，否则，其传播是不可想象的。当下基督教在中国内地的传播势头之猛对此也是很好的说明，而港台及海外以汉族人为主的华人信仰氛围之浓也能印证这一事实。在我国，以专门的宗教立法来保障公民宗教信仰自由的重要社会背景，还有来自社会意识形态结构方面的必要性。众所周知，我国存在着马克思主义的无神论与宗教有神论方面的结构性矛盾。执政的中国共产党人是无神论者，这对主张有神信仰的宗教而言，就是“异教徒”存在，是宗教的偏执心理难以认同的。在这种情况下，承诺保障公民宗教信仰自由的合法权益，就是中国共产党人带领全国人民（包括广大的宗教信仰者）一道搞发展建设的必要选择。而且，中国共产党人的这一承诺也体现着马克思主义的科学宗教观对宗教存在和发展的客观规律的认识和尊重。

（二）信仰选择的充分自由与宗教活动的有限自由

认真分析我国的宗教信仰自由政策，我们注意到，这个“自由”包括两个方面的含义，一是信仰宗教的自由，一是不信仰宗教的自由。不信仰宗教也属于公民的“合法权益”范畴。同时我们也注意到，我国的公民宗教信仰自由政策，在其充分意义上，只是适用于信仰宗教和不信仰宗教的选择问题，也包括信仰什么样的宗教或教派的选择问题。早在 1982 年公布的《关于我国社会主义时期宗教问题的基本观点和基本政策》中，对此就有明确的解释：“宗教信仰自由，就是说：每个公民既有信仰宗教的自由，也有不信仰宗教的自由；有信仰这种宗教的自由，也有信仰那种宗教的自由；在同一宗教里面，有信仰这个教派的自由，也有信仰那个教派的自由；有过去不信教而现在信教的自由，也有过去信教而现在不信教的自由”。我国的宗教信仰问题属于公民个人选择的私事，这一权利是受法律保护的，其中所体现的政策精神，符合当今世界宗教发展的“私人化”趋势，所以不是我国所独有的，它体现着某种时代精神。

然而，必须指出的是，我国的公民宗教信仰自由政策，所倡导的并不是绝对的自由，而是充分的自由和相对的自由；不是无限的自由，而是充分的自由和有限的自由（世界上任何情况下都不存在绝对自由）。充分的自由如上所述是指公民个人宗教信仰选择的自由，相对和有限的自由是指宗教活动（或宗教行为，指团体、个人、宗教场所内的活动）的自由。这是因为，公民的宗教信仰，充分自由选择只是其内容的一部分，这一信仰最终要落实到行为上，才是更值得关注的事情。宗教信仰的自由选择，可以是个人的事情，但是，宗教信仰的行为，却不仅是个人的事情，也是社会的事情。宗教行为本质上从来都不是个人行为，而是社会行为，这跟宗教在本质上不是个人现象而是社会现象是一致的。任何社会行为，都要受社会法则制约。所以，宗教立法是宗教必然的伴生物；宗教活动依法进行管理，也是宗教实践的重要内容之一。所以，我国在《宗教事务条例》第三条以宗教立法的形式规定："宗教团体、宗教场所和信教公民应当遵守宪法、法律、法规和规章，维护国家统一、民族团结和社会稳定。任何组织或个人不得利用宗教进行破坏社会秩序、损害公民身体健康、妨碍国家教育制度，以及其他损害国家利益、社会公共利益和公民合法权益的活动"。依法对宗教加强管理，是任何负责任的政府必须承担的责任义务，也是世界各国普遍的做法。这样做的原因，来源于宗教自身的两面性。古今无数的事实证明，作为社会现象的宗教，有其正常存在和发展的一面，这是其主流，但也有受极端分子推动而偏离正常轨道，出现异常发展的情况，其结果非常具有破坏性。宗教被别有用心的人利用来搞破坏活动的情况，也是无处不在，是非常恶劣的。我国当下存在的最大的问题，是"藏独"和"疆独"分子利用和歪曲藏传佛教和伊斯兰教来破坏祖国的统一与边疆社会的发展和稳定，而他们又与西方某些国家利用宗教人权问题来干涉我国的内政合谋进行，这是极其严重的犯罪行为。对于我国依法加强宗教管理的行动原则，相关管理干部中已形成某种共识，即，保护合法，制止非法，抵御渗透，打击犯罪，这是很准确的原则把握。

二、实践智慧：具有中国特色的宗教管理经验

我国的宗教问题层出不穷，敏感复杂，影响面广，处理难度之深，极大地考验着从事宗教管理工作的各级干部。在此情况下，我国今天所呈现出来的难得的宗教正常存在与发展的局面，则又有力地证明了我国的宗教管理工作是很有成效的，这不仅与我国有正确的宗教认识，有合理的宗教政策有关，而且与广大管理干部知难而上，认真扎实的工作与奉献是分不开的。正是这项艰难而极富挑战性的工作，激发并结晶了他们独有的管理智慧，并在长期的工作实践中，为我国卓有成效的宗教管理工作积累了许多实际有用的经验，很值得认真总结。课题组在对宁夏回族自治区的伊斯兰教管理工作的考察中，对此是颇有感受的。总结他们的管理智慧与经验，主要有引导伊斯兰教当代解经（宣讲“新卧尔兹”）行动（这方面的内容有专章进行探讨）、办宗教人士培训班、制定并完善各项规章制度以对宗教实行规范化管理、“双五好”评比、坚持宗教自治自养独立办教、动员并引导宗教人士服务社会，等等。

（一）抓纲之举：举办宗教人士培训班

宗教人士是行教的支柱力量。回族伊斯兰教的宗教人士包括广大的在宗教生活中起主导作用的宗教领袖和广大阿訇以及追求伊斯兰教知识的满拉（宗教学生）。他们是回族中一个特殊的群体，对于社会的发展和稳定起着重要的影响作用。无论历史上，还是现实中，无数事实证明，回族社会的稳定，离不开他们中绝大多数人发挥积极作用，然而，回族社会的某种不稳定，则与他们中个别人的消极影响有关。人们似乎有一种不约而同的想法，就是在任何社会情况下，只要做好阿訇等人的工作，回族社会的稳定就有望得到建立和巩固，否则，就会出现问题。因此，和谐回族社会的构建，有一支以阿訇群体为核心的和谐的伊斯兰宗教人士队伍是非常重要的或关键的。回族社会因此似乎应遵循这样一种潜在的和谐逻辑，这就

是，只有阿訇的和谐，才有伊斯兰教的和谐；只有伊斯兰教的和谐，才最终有回族社会的和谐。根据我国的制度安排，伊斯兰教的上层人士作为统战对象，可以通过进入人大和政协，成为国家政治体制内的重要成员；对于开学的阿訇，则开始尝试由国家发给他们生活补贴（银川市已于2008年开始在本市进行试点，有的县可能更早），也使其享有某种体制内的待遇。这样的安排和待遇无疑有助于动员伊斯兰宗教人士为和谐社会发挥积极作用。然而，仅有这些安排，还难以保证他们的政治觉悟和思想意识就自然获得了提升。思想觉悟决定人们的社会行为，阿訇也不例外。所以，关键还是通过什么样的方式提高他们的政治或思想觉悟。现在我国宗教管理方面尝试的一个重要做法，就是开办宗教培训班。我们在调研中发现，这是一个被有关干部认为很有效的方式。宁夏针对伊斯兰宗教人士的做法是，除认真组织人员参加中央和自治区社会主义学院、经学院的培训学习及参加有关部门组织的外地参观学习外，还经常性地开办市（地）县等不同级别的培训班，并形成了所谓“三定”（定时间、定地点、定人员）学习制度。

（二）维护正常：依法加强宗教管理

宗教作为重要的社会现象，必须依法加强管理，这是我国宗教管理的重要理念，也是宗教管理的重要经验。无数事实告诉我们，尽管宗教的基本面或根本面是教导人们向善的，但是，其有两点是必须密切关注的，一是宗教受极端分子推动而出现偏离发展，一是宗教被别有用心的人利用而起到破坏作用。所以，宗教的正常存在和发展，是要依靠维护的，而且要依法予以维护。我国的宗教立法，经过长期努力，现在已基本上比较系统而全面，尤其是国家颁布的宪法、专门的《宗教事务条例》，以及刑法、教育法、婚姻法等其他法律所涉及的宗教内容等，对于我国依法保障公民的宗教信仰自由，依法对宗教加强管理，起到了根本的规范指导作用，在此基础上而创制的各种地方法律、法规、规章、办法等，更形成了从国家到地方的相互配套的宗教立法体系，基本上实现了我国各级宗教管理的有法可依。地方上的相关宗教立法，还与部门的制度建设相辅而行。以宁夏回族自治区的海原县伊斯兰教协会为例，协会所制定的“机关工作制度”保证了机关工作的规范有序开展。海原县伊协还制定了清真寺、拱北管理等一系列规章制度，具体包括：海原县清真寺（拱北）民主管理办法、海原县模范清真寺（拱北）、五好阿訇评比办法、海原县阿訇培训学习考核管理办法、海原县清真寺阿訇聘任管理办法、宗教信访制度、财务管理制度、宗教工作目标考核责任书，等等。[①] 宁夏的海原县是一个回族人口大县，伊斯兰教派门宦情况复杂，宗教管理任务繁重，该县伊协的上述规章制度建设如此系统完善，保证了该县伊斯兰教依法管理方面的成功。县级单位在我国的宗教管理中可谓处于“前沿阵地”的位置，宗教立法工作如海原县能够贯彻到县这一行政层次，说明了我国宗教立法的深入程度。

（三）力争上游：进行“双五好”评比

清真寺是所在坊穆斯林集体进行宗教活动的合法场所，开学阿訇则在其中扮演着核心的角色，开展五好清真寺和五好阿訇（“双五好”）的评比活动，可以形成一种竞争激励机制，使一寺带动一坊，一名阿訇带动一坊穆斯林群众，出现一种力争上游的局面，这对构建和谐回族社会无疑是很有推动力的。尤其是五好清真寺的评比活动，需要清真寺民主管理委员会与开学阿訇的共同努力，也需要整个教坊穆斯林群众的积极参与，所以，这项活动的开展其辐射影响乃是全教坊性的，而不仅是关涉到一寺一人而已。“双五好”评比还是一项在中国伊协的直接指导下进行的全国性的活动，所以，其意义也是全国性的。清真寺的五好标准是：民主管理好、教职人员素质好、开展正常宗教活动好、兴办自养事业好、环境卫生好；五好阿訇的标准是：相互学习政策宣传好、相互尊重教派团结好、相互信任遵纪守法好、相互支持勤俭办教好、相互谅解民主作风好。从这些评比的标准可以看出，活动认真开展的结果，将会推动伊斯兰教向着民主行教，团结合作，遵纪守法，自养自办的方向发展，也自然会推动我国回族和谐

① 《海原县伊斯兰教协会志》，非正式出版物，第311—321页。

社会的构建。

（四）风景这边独好：自治自养模式下的伊斯兰教

我国的宗教属于中国公民个人信仰范畴，因此，必须走自治自养之路，这也是我国宗教管理的重要理念和原则。宗教自治在我国就是要实现自我管理，自我办教，而不受任何外国势力干涉。我国的《宗教事务条例》第一章第四条对此规定道："各宗教坚持独立自主自办的原则，宗教团体、宗教活动场所和宗教事务不受外国势力的支配"。我国的伊斯兰教，与天主教等相比，情况虽有所不同，但是，也要针对国外宗教势力渗透的可能，坚决贯彻自治的原则。宗教自养的目的则主要在于减轻信教群众负担，这其中包括反对某种宗教活动、场所修建规模等过分攀比、张扬的不良风气。为此，我国的伊斯兰教五好清真寺的评比标准中就专门有一条，讲到"兴办自养事业好"，并要求各清真寺"利用各种条件兴办清真寺自养及公益事业，守法经营，坚持以寺养寺，减轻穆斯林群众的经济负担"。[①] 海原县伊协制定的《海原县清真寺（拱北）民主管理办法》第四条第七款还具体要求各清真寺，"结合本清真寺实际，因地制宜举办生产生活服务和社会公益事业，逐步做到以寺养寺"。[②] 在减轻信教群众的经济负担方面，我国的《宗教事务条例》第三章第二十条还特别具体规定："宗教活动场所可以按照宗教习惯接受公民的捐献，但不得强迫或者摊派"。该条例第五章第三十五条还规定："宗教团体、宗教活动场所可以按照国家有关规定接受境内外组织和个人的捐赠，用于与该宗教团体、宗教活动场所宗旨相符的活动"。但在第一章第四条规定，接受境外捐赠时"不得接受附加的宗教条件"。正是坚持了自治自养，我国的伊斯兰宗教，才有了今天之充分自由自在发展的局面，这难道说不可以比做一道美好和谐的风景吗？

---

① 《海原县伊斯兰教协会志》，第 316 页。

② 《海原县伊斯兰教协会志》，第 315 页。

三、有益社会：中国社会主义宗教应具有的价值特色

社会存在，就其对于社会自身的价值而言，可分为两类，这就是有益的社会存在和有害的社会存在。既无益又无害的事物似乎是不存在的，存在价值可以为零和，但不可以是无。相应地，社会存在的价值实现也分为有益于社会和有害于社会两种。作为社会存在物的宗教同样具有两面性，其对于社会既可以发挥有益的作用，也可能发挥有害的作用。趋益避害，从本质上讲，是所有宗教的主观追求，但是，由于各式各样复杂的原因，宗教存在的客观影响却并不都对社会起到有益的作用。许多事实告诉我们，当宗教被极端分子所左右，被别有用心的人所利用时，其对于社会确实存在着某种威胁或危害。具有中国特色的宗教管理，就是要创造良好的社会条件，使宗教坚决杜绝其有害的一面，而发挥其有益的作用。社会主义社会的宗教，要说在本质上与资本主义等非社会主义社会的宗教有什么区别的话，就是应当能够而且也必须发挥对社会有益的作用。我国回族伊斯兰教目前在有益社会的实践方面，已作了很好的尝试，取得了明显的进展，这集中体现在宗教人士（主要指阿訇）为社会服务方面。宁夏回族自治区的吴忠市也是一个回族人口大市（地级市），回族人口占全市人口近50%，伊斯兰教派门宦关系复杂，并有哲赫忍耶门宦的板桥和鸿乐府两个道堂。在最近一次行政区域划分之前，虎夫耶的洪岗子道堂也曾在该市辖区范围之内。红寺堡作为新的移民开发区，教派门宦更是杂居一地，其复杂程度有东方的"耶路撒冷"之称。该市所属XX县还有部分回民参与贩毒，由吸食毒品进而导致艾滋病传播，都成了地方上严重的社会问题。然而，就是在这样的社会背景下，我们调查发现，该市的伊斯兰教管理工作却在某一方面做得极为出色，这就是动员伊斯兰宗教人士参与社会治理，而且已取得了较为显著的成就，很有典型意义。

（一）伊斯兰宗教人士参与禁毒工作

在民国时期，宁夏的马鸿逵家族把持的地方军阀政府就曾有过贩卖毒

品的不光彩的历史。改革开放以后，XX县等地的部分回民受物欲支配，铤而走险，再次开始了贩卖毒品的犯罪活动，并致使吸毒现象难以禁止，成为当地社会的一大痼疾。伊斯兰宗教人士正是在这样的情况下，积极参与禁毒工作，作出了特有的贡献。他们的具体做法，是从伊斯兰教经典和教义出发，通过撰写和宣讲“新卧尔兹”，指出伊斯兰教严禁贩毒吸毒，并劝诫穆斯林珍爱生命，远离毒品。清真寺固然是他们最为有力的讲坛，但他们也走出去在更广阔的社会舞台上进行宣传。苏泽林在其撰写的《毒品的危害》卧尔兹中，就分析了贩毒吸毒给回族社会带来的危害：“在一项调查资料中显示：我区某县某乡在十个回民村中无一村幸免毒灾。在当地除了个别有工作、有职业的家庭之外，大多数家庭都有毒灾留下的伤疤和隐患，不是有毒贩子就是有瘾君子；不是有劳改犯，就是有死刑犯”。因此，他告诫穆斯林同胞，要做一个洁身自爱、敬主爱主的穆民。①

（二）伊斯兰宗教人士参与艾滋病防治工作

贩毒吸毒是导致艾滋病传播的重要原因之一。一个吸毒的人，由于无法抵抗毒瘾的折磨，他（她）的人格尊严几乎完全无存，若由吸毒再染上艾滋病（这是非常容易的），他（她）的宝贵生命则受到了双重威胁。对于任何一个正常或非正常的人而言，当其人格尊严和宝贵生命面临双重丧失的情况下，这种对于人生的无望无助简直是无法承受的。他（她）们是作孽者，也是无辜受害者。贩毒吸毒与艾滋病传播本质上毕竟是一种社会现象，而不是个人问题。所以，关爱吸毒人员和艾滋病患者，乃是人道主义的最深切的呼唤。伊斯兰教珍视人的生命、尊严和价值，所以，宗教人士参与艾滋病防治工作，完全符合伊斯兰教的经典和教义精神。吴忠等地伊斯兰宗教人士的具体做法除利用清真寺讲坛，撰写以防治艾滋病为主题的“新卧尔兹”并出版专集、制作宣传板报和图片，宣传相关防治知识外，还成立了“新月”爱心社，深入患者家中送关爱。由于艾滋病的另一重要传播途径是通过性，尤其在已有艾滋病传播的地方更要阻断这一传播途径，所以，关心穆斯林生殖健康也成了防治艾滋病工作的主题。吴忠市

① 苏泽林：《毒品的危害》，载《清风》，2006年第2期，第30页。

伊斯兰宗教人士积极宣传如何防止艾滋病通过性传播方面的知识，这一防治工作很有成效。

吴忠市的伊斯兰教人士参与禁毒、艾滋病防治和穆斯林生殖健康工作，已引起联合国等有关国际组织及一些国家（如孟加拉）的重视，他们前来考察，共同探讨经验，充分肯定这一现象的积极意义。吴忠市的伊斯兰宗教人士除参与上述特殊的社会治理工作外，还同其他回族地区一样，参与下述社会管理工作，成绩也是显著的。

（三）伊斯兰宗教人士参与计划生育工作

人口发展是社会发展的核心。我国是世界第一人口大国，又是最大的发展中国家，而人口控制是我国人口发展的特殊前提。宁夏回族自治区在我国既是相对欠发达地区，又是民族地区、贫困地区，尤其是在广大的农村，开展计划生育工作有其相当难以克服的困难。在这种情况下，回族地区的计划生育工作，由于得到了广大宗教人士的参与，才相对容易了许多。其实，宗教人士参与计划生育工作，是面临着特殊的困难的。所以，宗教人士参与计划生育工作的艰难任务之一，就是挖掘经训中允许实行计划生育的根据，以打消穆斯林群众的顾忌，或否定某些人别有用心的借口。他们指出，伊斯兰教实际提倡优生优育、有病医治，并且根据利害权衡原则，也是可以实行计划生育的。[①]“目前（2006年。——引者注）全市已有327位阿訇担任计生协名誉会长，615位阿訇担任计生协理事，涵盖了各级协会，并发挥了不可替代的作用”。[②]

（四）伊斯兰宗教人士参与司法调解工作

与计划生育工作相比，伊斯兰宗教人士参与司法调解工作，几乎没有宗教方面的障碍，也有利于发挥他们的知识和威信优势。伊斯兰宗教人士

---

①　吴学兴：《伊斯兰教中有关生殖健康及优生优育的经训根据：经典摘录》，见宁夏吴忠市计划生育协会、宁夏吴忠市利通区计划生育协会和宁夏吴忠市利通区伊斯兰教协会编：《伊斯兰教与生殖健康：回族宗教人士宣传生殖健康材料汇编》，非正式出版物，2005年。

②　白秀荣：《充分发挥宗教人士的作用，做好穆斯林群众生殖健康宣传工作》，载《清风》，2006年第2期，第8页。

在回族穆斯林社会中是一个“道德形象大使”群体，他们的一言一行，既受到群众的监督，也为维护社会的优序良俗起着模范作用。这些人士还掌握有专门的教义、教法知识，他们的传统职责中也本来就包含着社会调解内容，而回族社会的所谓“习惯法”又主要来源于伊斯兰教。所以，在当前穆斯林社会司法实践中，将伊斯兰宗教人士的传统职责与政府的司法工作结合起来，在目标和效果上是可以的，也是可行的。而在这方面的基本做法，一是利用清真寺讲坛开展法律宣传，开学阿訇由于熟悉坊上当前的问题，可以进行有针对性且有效的各种法律知识宣传；一是由有关司法部门（如乡镇司法所）聘请宗教人士（以开学阿訇为主）为义务司法调解员。以灵武市（邻接吴忠的一个县级市）为例，2007年该市就聘请了561名阿訇充当义务司法调解员。灵武市在落实这方面工作中，还邀请市有关部门（如交警大队）和各乡镇司法所所长，利用“三定”学习机会，首先向阿訇等宗教人士普及有关法律知识及司法调解技能。灵武市认真开展该项工作的效果是“涌现出了不少阿訇调解能手，不但及时化解（了）邻里之间矛盾纠纷，还成功调解处理了几起棘手的交通事故，赢得了社会各界的好评”。灵武市还有阿訇获得了“全国模范人民调解员”称号。①

（五）伊斯兰宗教人士参与民族教育工作

伊斯兰教重视教育，鼓励学习知识。然而，在我国西北回族地区却有这样一种现象，就是有的家长重视传统宗教教育，却轻视现代文化教育；重视男孩教育，却轻视女孩教育，还有的回民家庭干脆轻视所有的文化教育，让孩子很早就学习做买卖，打工干活，甚至在家放养牲畜，尤其在山区农村这种情况更是比较严重。针对这样一种回族教育长期相对落后的状况，宗教人士所做的工作主要有：利用清真寺讲坛反复宣讲教育的必要性、重要性，教育对国家和民族的重要意义；配合有关教育部门做家长的思想工作，劝导穆斯林群众支持国家教育事业，送孩子上学读书；捐资助学，做在校生的思想工作，坚定他们为远大志向而学习的决心和信心；利

① 参见《切实发挥宗教团体作用，为建设和谐宗教和谐社会做贡献》，灵武市伊协2007年度工作汇报。

用宗教场所开办补习学校，在教授宗教知识的同时，也为在校生补习科学文化知识；开办专门的穆斯林女学，为她们提供更多的学习机会。在我国的一些民族地区，也包括回族地区，存在着宗教教育与国民教育争夺18周岁以下青少年的现象，这不符合我国法律只允许18岁以上成年人自愿进入宗教学校学习的规定。为了遵守这一法律规定，有的阿訇不仅不招收18岁以下的青少年，还劝诫已入寺学习者回到国民学校去学习。如，海原县蒿川乡浪水清真寺开学阿訇、县伊协委员田玉玺，主持教务不久，就有几位家长把在学校念书的孩子叫回到寺里念经，他就反复做工作，最终使这几家孩子又回到了学校。①

① 参见《海原县伊斯兰教协会志》，第244—245页。

第七章　中国伊斯兰教之解经的时代行动：宣讲新卧尔兹

对于“凭经立教”的各大宗教和“凭经立国”的各文明国家而言，经注（经典注解）是一种非常传统的学问方式，正是这一学问方式有效地保证了这些宗教或国家的文化和思想得以推陈出新，得以与时俱进。当下，中国伊斯兰教的“解经”行动，就是这一传统的学问方式在新形势下的具有时代意义的开展，只不过是采用了“新卧尔兹”的名称而已。那么，什么是“新卧尔兹”？新卧尔兹是针对传统的或旧的卧尔兹而言的。那么，什么又是传统的或旧的“卧尔兹”？“卧尔兹”系阿拉伯语的音译，意思是“劝导”、“训诫”或“教诲”，指中国伊斯兰教一种传统的宣教方式，即，在每周一次的“主麻”（聚礼）、每年一度的“开斋节”和“古尔邦节”（两会礼）上，阿訇和毛拉等在清真寺向广大穆斯林群众进行宣教的活动。具体做法是指以《古兰经》和“圣训”为基础，同时结合穆斯林社会生活中的种种实际问题而进行的劝诫和教化。“卧尔兹”虽系阿拉伯语音译，但作为专有宣教名称是国外伊斯兰教原本没有的，“新卧尔兹”更是没有，它们都是伊斯兰教中国化的产物。在国外伊斯兰教中，这同一种宣教方式叫做“呼图白”。历史上，中国内地回回等族穆斯林曾逐渐放弃原有的母语，而普遍接受了汉语，伊斯兰教的宣教也随之由阿拉伯语改成了汉语。与“卧尔兹”相关的语言变化现象大概与这一过程有关。中国伊斯兰教在历史发展的过程中虽然采用“卧尔兹”作为普遍的宣教方式，但也保留了“呼图白”这一形式，同时出现在主麻和两会礼的宣教活动中。卧尔兹则广泛用于中国伊斯兰教的宣教活动，成了某种泛称。新卧尔兹就是由这一传统的卧尔兹演变而来的，其新就新于在继承发扬伊斯兰教经典教义教规中积极精神的基础上，对其作出符合时代进步、适应社会发展的新的阐释，并以此为内容进行“劝导演讲”。

一、全国性宣讲新卧尔兹的由来：中国伊协的首创

（一）宣讲“新卧尔兹”的时代背景

宗教的生存和发展必须与所在社会相适应。当今世界，和平与发展是时代的主题；科技日新月异，经济全球化迅速推进；国际形势复杂多变，世界格局呈多极化趋势，不可测因素明显增多。古老的“给塞”（伊斯兰宗教故事）已无法演绎当今世界的新情况、新问题。同时，在国内，改革开放30多年来，在市场经济大潮的冲击下，社会生活的各个领域，新生事物不断出现，伊斯兰教的发展也面临许多新的问题。近些年，由于部分阿訇、毛拉的汉文化知识水平较低，直接导致其对经典的理解和阐释，对教义的领会和分析不够深刻和详尽，甚至不能够正确理解，这就造成他们在向群众宣讲卧尔兹时，无法将经典教义与我国社会生活的实际相结合，要么固守几百年前的老传统，例行公事地讲一些远离现实生活的古老“给塞”，要么干脆按照从阿拉伯—伊斯兰国家学来的东西直接照本宣科。结果导致所讲卧尔兹既无法体现伊斯兰教在中国社会发展中的积极意义和作用，从而为解决伊斯兰教目前面临的现实问题和社会挑战作出有益的阐释，同时，面对素质日益提高的广大穆斯林群众，也无法满足其不断增长的精神需求。长此以往，势必导致穆斯林群体宗教信仰的逐渐缺失以及中国伊斯兰文化的流失。当然，一些有心的阿訇、毛拉已经意识到伊斯兰教生存和发展中日渐凸现的问题，并相应地进行了许多研究与探索。由此，紧紧把握时代脉搏，不断更新演讲内容的客观要求，就为阿訇、毛拉提出

了宣讲“新卧尔兹”这一时代课题。①

（二）宣讲“新卧尔兹”由来

早在1993年中国伊斯兰教第六次全国代表大会之后，中国伊协就开始为引导伊斯兰教与我国社会主义社会相适应作了一系列的尝试。1996年，中国伊协发起主办了首届全国卧尔兹演讲比赛，得到各地阿訇、毛拉的积极响应，他们踊跃参加，反响热烈，于是决定每两年举办一次全国卧尔兹演讲比赛。而在后来的比赛中，也涌现出了许多优秀的卧尔兹演讲人才和充满时代精神的卧尔兹演讲作品，中国伊协就将其中部分稿件，连同《中国穆斯林》历年发表的卧尔兹文稿进行汇编，于1999年编辑出版了第一本《卧尔兹演讲集》。这一系列工作不仅为广大阿訇、毛拉提供了符合时代发展要求的卧尔兹演讲素材，也为其主动、自觉地挖掘经典教义中的积极因素提供了样板。2000年，中国伊协又正式启动了“解经”工作，组织专门力量研读《古兰经》和“圣训”，挖掘教义教规中有利于社会进步、有利于时代发展的内容，如“爱国是信仰的一部分”、“穆斯林与非穆斯林和睦相处”、“信仰自由、宽以待人”、“求知是每个穆斯林的天职”等，并对其内涵进行符合时代要求的阐释，立题成篇。2001年4月23日，中国伊协成立了“中国伊斯兰教教务指导委员会”，成员大多为爱国爱教、具有较高宗教学识且德高望重的大阿訇、大毛拉。在随后召开的全体会议期间，委员们一致认为，有针对性地编写符合时代发展和伊斯兰教精神的新卧尔兹讲稿是十分必要的，并对已编写好的12篇新卧尔兹进行了审定，对许多提法进行推敲、调整和补充，对所引用的《古兰经》和“圣训”反复核对，对一些敏感问题的定位提出意见和建议。经过反复修改，不断完善，特别是深入到地方伊斯兰教界人士中征求意见并取得认同后，以汉、维两种文字编写的《新卧尔兹演讲集》第一辑遂得以问世。自此，“新卧尔兹”一词正式以文字形式进入中国伊斯兰教的教务活动之中。此后，中国伊斯兰教教务指导委员会又于2003、2005年先后编辑出版了《新编卧

---

① 参见陈广元：《时代呼唤新“卧尔兹”问世》，载《中国宗教》，2001年第5期。

尔兹演讲集》的第二和第三辑。①

在中国伊协的带领下，宁夏、甘肃、青海、新疆、陕西等省区的伊协和伊斯兰宗教人士很快就积极地投入到了解经和宣讲新卧尔兹的活动之中。他们除积极配合中国伊协，组织本地区宗教人士参加全国性的各项新卧尔兹活动外，还在当地创造性地开展了相应的活动，如组织宗教人士学习和撰写新卧尔兹、开展地方性的新卧尔兹演讲比赛、进行新卧尔兹巡回演讲等，所有这些活动都已形成制度，定期开展，有声有色，细致深入。宁夏作为我国唯一的省级回族自治区，在宣讲新卧尔兹活动方面开展得尤为认真，很具有代表性。自治区现有回族人口200多万，其中阿訇6000多人，满拉4000多人，有清真寺3500多座，拱北、道堂50余处。宁夏伊协自1993年起已先后成功举办了6届卧尔兹演讲比赛，共有300余人参赛。在其推动下，银川、石嘴山、吴忠、青铜峡、同心、海原等市县伊协也都每两年举办一次新卧尔兹演讲比赛活动，当地清真寺阿訇也开始在日常教务工作中宣讲新卧尔兹。在这些市县中，吴忠市又比较有代表性。下面就以该市为例，介绍一下地方上宣讲新卧尔兹的情况。

二、地方上宣讲新卧尔兹的响应：宁夏吴忠的个案

吴忠市位于宁夏回族自治区的中部，回族人口占全市总人口的48.25%，是我国主要的回族聚居区之一。现有清真寺1082座，阿訇2105人，满拉2328人。吴忠市还是全国和全区伊斯兰教工作的重点，因此在宣讲新卧尔兹活动中也表现得较为突出。

（一）新卧尔兹学习与写作

吴忠市为了开展好宣讲新卧尔兹活动，首先根据自治区伊协的安排，认真组织阿訇特别是青年开学阿訇学习中国伊协编写的《新编卧尔兹演讲

① 参见杨淑丽：《新“卧尔兹”：中国伊斯兰教的文化工程》，载《中国宗教》，2005年第9期。

集》，在此基础上鼓励他们自己尝试撰写新卧尔兹，宣讲新卧尔兹。很快，撰写和宣讲新卧尔兹也成了广大阿訇的自觉参与行动，从而改变了他们宣讲卧尔兹的传统方式。以往，阿訇们宣讲卧尔兹是没有演讲提纲或讲稿的，随意性较大，中心思想不够明确，甚至跑题，现在，阿訇们开始有意识地为主麻日的演讲撰写提纲和讲稿。以往，阿訇们所宣讲的卧尔兹，多以宗教功课和来世生活为主，现在则更多地结合现实生活，从而受到了广大穆斯林的欢迎。随着自觉撰写新卧尔兹的阿訇及其作品越来越多，为推动其相互交流，发挥更大的影响，于2004年创刊并由宁夏伊协主办的《宁夏穆斯林》，还专门开辟了新卧尔兹专栏，不断推出新卧尔兹作品。

（二）新卧尔兹演讲比赛

吴忠市的新卧尔兹演讲比赛是多层次、全面展开的。市县伊协不仅积极组织优秀阿訇参加全国、全区的新卧尔兹演讲比赛，本市及各县也自主举办多层次新卧尔兹演讲比赛，最低层次者深入到清真寺，如，有的清真寺就在经学班的满拉中举行，还有若干清真寺联合举办的。新卧尔兹演讲比赛的主题都具有时代特征，在此以2007年4月吴忠市举办的新吴忠市首届“和谐杯”卧尔兹演讲比赛为例作一介绍。这次比赛规定参赛选手的资格，必须是持有阿訇证的阿訇和在寺住学5年以上的满拉；女阿訇则需由各县（市、区）伊协和宗教局推荐。参加过自治区及全国卧尔兹演讲比赛并获得名次者，不再参加市级比赛，此举意在给更多阿訇和满拉以参与机会。这次比赛以构建社会主义和谐社会和“八荣八耻”为主题，要求参赛作品思想积极向上、观点正确，有利于加强民族团结、宗教和睦、社会稳定、经济发展，反映我国经济建设、政治建设、社会建设、文化建设的成就。具体内容要求如下：（1）伊斯兰教义，包括热爱祖国、两世吉庆、注重现世、爱好和平、伸张正义、团结互助。（2）伊斯兰伦理道德，包括廉洁自律、诚实公正、孝敬父母、尊老爱幼、尊重知识、重视经济、发展教育、诚信经商、救济施舍、善待他人、扶贫助残、热爱劳动、讲究卫生、重视环境保护。（3）伊斯兰教规和教法，包括与伊斯兰教五功有关的知识及履行五功的各种教法规定，伊斯兰的饮食、丧葬制度、遵纪守法、学习贯彻《宗教事务条例》，积极配合政府搞好依法加强宗教事务管理等。（4）伊斯兰教历史、伊斯兰教节日。比赛分男女两组，共有29人参赛，最终决出一等奖1名，二等奖2名，三等奖3名，优秀奖9名。

（三）新卧尔兹巡回演讲

吴忠市在宣讲新卧尔兹活动中，还采取走出去的方式，深入到广大穆民社区中进行。如，每年的民族团结月，市伊协都会选派若干卧尔兹演讲水平较好的阿訇，在吴忠地区（如同心、红寺堡、盐池、青铜峡等）的各清真寺进行新卧尔兹巡回演讲，主题多以宣传党的民族宗教政策，加强民族团结等为主。此外，在吴忠市乡镇辖区内，在有关政府部门的监督下，伊协还组织阿訇在乡镇机关、学校等社会公共场所、监狱，或下乡入队进行专题性演讲，主题则又扩展到生殖健康、预防艾滋病、新农村建设等。为规范管理，这些活动一般需经乡镇审核，报宗教局备案。根据国家政策，走出宗教场所进行宗教活动，一般是不允许的，但如果其内容与社会发展相适应，有利于社会安定和谐，并经有关部门对卧尔兹内容审核、备案后是可以进行的，并且，在宣讲过程中要求阿訇不能脱稿，即使脱稿也不能偏离稿件内容。

三、新卧尔兹的主题思想：经训新解

新卧尔兹与传统的卧尔兹比较，最大的共同点，是都以伊斯兰教经典《古兰经》和“圣训”为根本依据；最大的不同点则在于，新卧尔兹赋予了经训以新的时代内涵，这是中国伊斯兰教主动因应时代挑战的结果。值得注意的是，新卧尔兹在新时期对伊斯兰教的“中道”思想给予了特别的关注。中道思想被认为是伊斯兰教的行为哲学，要求穆斯林凡事谨守中道，不走极端，不事偏激。当下强调这一思想的目的，不仅是要塑造伊斯兰教和穆斯林温和的形象，还是用以作为广大穆斯林宗教与世俗生活的守则和指南。中道思想也因此充分地体现在了新卧尔兹的主要思想内容之中。新卧尔兹的主题思想内容是非常全面丰富的，其中，比较突出时代精神内涵的可概括为以下几个方面。

（一）以和平树立形象思想

面对当今恐怖主义对伊斯兰教和穆斯林形象的扭曲以及西方流行的“伊斯兰恐怖论”，新卧尔兹的当务之急，是为自己的形象作辩护：强调伊斯兰教是一个倡导和平的宗教。这方面的新卧尔兹作品也相对较为引人注意，如《伊斯兰教——主张和平的宗教》、《和平共处谋发展》、《倡导和平的伊斯兰教》、《伊斯兰教与人类和平》、《伊斯兰教的和平观》等。金贤友在《伊斯兰教与人类和平》中就分别以《古兰经》召唤和平、穆罕默德实践和平、五功蕴含和平、穆斯林维护和平为题，从多个角度来论证伊斯兰教是一个倡导和平的宗教。①

（二）以团结达致和谐思想

当前，我国党和政府把构建社会主义和谐社会作为奋斗的伟大目标，新卧尔兹也以此为主题，贡献了很多的作品，内容广泛涉及人与人、人与社会、人与自然的和谐问题，尤其是在社会和谐方面，强调伊斯兰教的团结和宽容精神。其代表作如《伊斯兰与和谐社会》、《伊斯兰文明与构建和谐社会》、《伊斯兰——构建和谐的宗教》、《伊斯兰教是团结宽容的宗教》、《伊斯兰教提倡和谐与宽容》、《弘扬伊斯兰教的宽容精神》、《加强民族团结、提高民族文化素质》、《穆斯林应拥有一个和睦美满的家庭》、《保护生态环境、构建和谐社会》等。题为《伊斯兰教职人员应该为营造和谐社会做贡献》的竞赛演讲稿就谈到和谐是人类普遍的追求，也是历史发展的永恒主题，伊斯兰教“要求人与人和谐共处，通过对理想实现的追求来激励人们以积极的态度追求人与社会和谐共处，通过对伟大安拉的认知和参悟来认识大自然，利用大自然，保护大自然，实现人与自然，人与人，人与社会的和谐发展”②。

---

① 参见金贤友：《伊斯兰教与人类和平》，第399—406页。

② 该篇演讲稿为调查组搜集所得，未结集出版。

（三）以教育谋求发展思想

早在清末民初，我国回族的近代知识分子就曾提出过改良教育振兴民族的主张，新卧尔兹则针对穆斯林聚居地区经济社会发展相对落后，穆民中不重视子女教育等现象，而把教育作为民族发展之根本来看待，相关的作品如《伊斯兰重视教育》、《重视民族教育，提高文化素质》、《教育子女，责无旁贷》、《提倡教育，重视人才》、《家庭教育——伊斯兰文明的摇篮》、《求知重教是穆斯林光荣传统》、《伊斯兰教提倡探索知识》等。穆可发在其撰写的新卧尔兹中指出："伊斯兰教是一个热爱和平，提倡求知，重视教育的宗教"。[①] 马全海则在其新卧尔兹作品中举例证明伊斯兰教历来重视教育，鼓励学习，同时还把教育与爱国主义联系起来："我们应清楚地认识到学习科学文化知识的目的，除了提高自身的文化素质外，更主要的是为祖国的改革开放、经济建设服务。我们穆斯林民族是祖国大家庭中的一员，和其他民族一样热爱祖国，建设祖国是我们义不容辞的责任"。[②]

（四）以善行养成人格思想

新卧尔兹针对当代社会中的各种弊端，如腐化堕落，卖淫嫖娼，贩毒吸毒，艾滋病泛滥等，倡导穆斯林要以经训修养身心，成就健康人格，做一个对社会有用的人。这方面的作品尤其多，代表性的如《穆斯林的人生观》、《以善念相伴与善行同行》、《谨防恶魔诱惑》、《浅谈毒品的危害》、《吸烟有害无益》、《饮酒确是一种秽行》、《穆斯林应远离赌博》、《贩毒、吸毒，教法不容》等。吴忠市还于2005、2006年先后出版了《珍爱生命，远离艾滋病卧尔兹演讲集》与《清风——生殖健康专刊》等专集。这些作品都体现了对人格修养和人的生命的高度关注。马少芳在其撰写的《伊斯兰教严禁吸毒、贩毒》新卧尔兹作品中特别指出："当今社会吸毒和贩毒已经是相当普遍的现象，在众多的吸毒贩毒团伙中，我们痛心地看到，穆

---

① 穆可发：《求知重教是穆斯林的光荣传统》，见中国伊斯兰教协会编印：《卧尔兹演讲集》，非正式出版物，1999年，第239页。

② 马全海：《重视民族教育，提高文化素质》，见中国伊斯兰教协会编印：《卧尔兹演讲集》，非正式出版物，1999年，第233—238页。

斯林的人数也不少，而且有不断增长的趋势。这已成为各方关注的最大社会问题之一。”①

（五）以勤劳获得幸福思想

中国的伊斯兰教为使自己区别于那些主张出世的宗教，反复强调其“两世吉庆”的幸福观，有“入世不恋世，出世不离世”之说。新卧尔兹则在两世吉庆思想的基础上，更加强调勤劳致富为穆斯林应具的品质。这方面的作品，如《勤劳是穆斯林的本色》、《做一名勤劳的穆斯林》、《做两世吉庆的穆斯林》、《伊斯兰教倡导两世并重》等。纳洪军在题为《做一名勤劳的穆斯林》的新卧尔兹作品中，针对当今一些穆斯林靠乞讨（收乜贴）为生的现象，指出：“希望每一位穆斯林为了民族的尊严树立起做人的信心，积极投入到有益于国家，有益于社会发展，有益于民族兴旺的工作中去，为建立一个美满幸福的家庭，为国家的繁荣富强，为和谐的社会做一名勤劳的帮助人的穆斯林，以此体现穆斯林是勤劳、善于进取的民族，体现伊斯兰的伟大和文明”。②

四、新卧尔兹的特点与意义

顾名思义，新卧尔兹的最大特点和最大意义都在一个“新”字上，这是新的时代精神的体现，是推传统而出新之义，既新在形式上，也新在内涵上。形式之新是改变了以往阿訇个人宣讲卧尔兹的传统，而变成了中国伊斯兰教的整体行动，从而使得经注这一传统的学术方式获得了新的展现，以此极大地提高了行动的效率。内涵之新是对《古兰经》和“圣训”作出了新的诠释，为之注入了时代内涵，使之更加走近时代，更加贴近现实，从而赋予中国伊斯兰教新的发展活力。

---

① 马少芳：《伊斯兰教严禁吸毒贩毒》，见中国伊斯兰教协会编印：《卧尔兹演讲集》，非正式出版物，1999年，第115页。

② 纳洪军：《做一名勤劳的穆斯林》，载《宁夏穆斯林》，2006年第2期，第30页。

更加具体地看，中国伊斯兰教宣讲新卧尔兹的时代行动又有以下几个方面的特点和意义：

第一，为引导伊斯兰教与社会主义相适应找到了最为有效且值得借鉴的途径。根据宗教学原理，宗教思想在宗教要素结构中是最为核心的部分，对其他要素乃至整个宗教起着决定制约作用。而新卧尔兹对经训的新解，就是其教义在新的时代背景下的新发展，是教义的推陈出新，是宗教思想的再发展。这次发展则是在国家各级伊协和宗教管理部门的主导下进行的，其使命就是引导伊斯兰教与社会主义相适应，这是我国现行宗教管理的根本使命和最大任务。显然，从宗教思想上入手，来完成这一引导使命，尤其是宣讲新卧尔兹行动又得到了广大伊斯兰宗教人士的积极参与，就使得这种做法更加根本有效。

第二，坚持经训原理并予以新解是宣讲新卧尔兹行动得以有效开展的根本保障。《古兰经》和“圣训”是伊斯兰教最主要的经典，也是其生命和灵魂。宣讲新卧尔兹继承和发扬了伊斯兰教传统的学术方式——“解经”（“经注”的伊斯兰式表达），在行动中又认真坚守经训原则，更主要的是在此基础上赋予其以时代精神和意涵，这从根本上体现了中国伊斯兰教的最大需要，从而为广大宗教人士所乐为，也能为，同时也为广大穆斯林群众所欢迎，所拥护。杨淑丽曾讲道：“不管处于什么时代，把《古兰经》倡导的基本精神‘转告晓谕’给穆斯林，是‘卧尔兹’演讲永远不变的宗旨和要求。新‘卧尔兹’依然遵循了这一原则。综观新‘卧尔兹’诸多醒目的议题，如‘“认主独一”，伊斯兰教信仰的核心’、‘“念功”是真主对穆斯林的特慈’、‘伊斯兰教的公道观’、‘贩毒、吸毒，教法不容’、‘伊斯兰教提倡节制私欲’、‘谈伊斯兰教的孝道’、‘伊斯兰教重视教育’等等，无一不以《古兰经》和‘圣训’为依据。新‘卧尔兹’通过讲解经训，向穆斯林进行基本信仰教育；通过阐释教律，进行生活规范教育；通过劝善戒恶，进行伦理道德教育；通过回顾史实，进行优良传统教育；通过联系实际，使伊斯兰教在现实社会生活中发挥积极作用。”①

---

① 杨淑丽：《新时期伊斯兰教的“卧尔兹”演讲》，载《中国宗教》，2002年第1期，第44页。

第三，广大伊斯兰宗教人士的热心参与是宣讲新卧尔兹行动的成功经验。宣讲新卧尔兹虽然是在国家各级伊协和宗教管理部门的主导下进行的，但是，其真正的主力军却是广大伊斯兰宗教人士——内地的阿訇、新疆的毛拉和满拉（回族伊斯兰学者）。这些人本来就是宣讲卧尔兹的主体，也是长期以来伊斯兰教行教的支柱。宣讲新卧尔兹没有他们的参与是不可想象的，事实上，不仅宣讲新卧尔兹有了他们的参与才得以成功，反过来，在这一行动中，真正经受锻炼获得快速成长的也是他们。这对于中国伊斯兰教积极健康的发展至关重要。宛耀宾曾讲道："清真寺是阿訇、毛拉们对穆斯林群众劝导的重要场所，利用这个'讲台'讲好'卧尔兹'是每一位阿訇、毛拉义不容辞的义务。一位具有丰富伊斯兰教学识的爱国爱教的阿訇、毛拉，他讲的'卧尔兹'无疑对引导和激励穆斯林群众爱国爱教、遵纪守法、积极进取、办好教务等会起到鼓舞和推动作用……通过比赛，涌现了一批优秀的'卧尔兹'演讲人才和内容丰富多彩、格调积极健康、富有新意和时代精神的'卧尔兹'演讲稿"。[①] 这是由衷之言。

第四，灵活多样的形式是宣讲新卧尔兹行动得以成功进行的富于创意智慧的体现。宣讲新卧尔兹堪称是中国伊斯兰教发展史上又一次非常富于主动精神和创意智慧的行动。在我国的明清之际，回回伊斯兰教曾以其罕见的发展理性，主动适应中国的生存环境，开创了中国式的伊斯兰教育——经堂教育，创造了回回理学这一学术传统，为伊斯兰教在中国找到了适合的发展之路。新卧尔兹则为中国伊斯兰教在当今时代的发展再次拓展了广阔的道路。这次行动采取了演讲竞赛、巡回演讲、组织学习和撰写、报刊开辟专栏、开办新卧尔兹任课教师培训班、将新卧尔兹结集出版等灵活多样的形式，并在全国上下广大伊斯兰宗教人士中形成了自觉自愿撰写新卧尔兹，宣讲新卧尔兹，广大穆斯林群众热情主动聆听新卧尔兹的新的时代风尚，确是其真正具有的创造精神的体现，也正是借助于此，新卧尔兹行动才获得了其成功而富有成效的实践。

宣讲新卧尔兹的意义可以再次借用宛耀宾的话加以概括："如果全国的阿訇、毛拉们都重视'卧尔兹'的内容，认真准备，讲好'卧尔兹'，

---

① 中国伊斯兰教协会编印：《卧尔兹演讲集》，前言，第5—6页。

这对于弘扬伊斯兰文化、提倡高尚的道德风尚；对于引导穆斯林群众爱国爱教，维护法律尊严，维护人民利益，维护民族团结，维护祖国统一；对于激励广大穆斯林积极参加祖国的社会主义物质文明和精神文明建设，都有十分重要的意义和作用”。①

① 中国伊斯兰教协会编印：《卧尔兹演讲集》，前言，第5页。

第八章　相反的视角：构建和谐社会伊斯兰教需克服什么？

宗教是一种拥有很大影响的复杂的社会现象，虽然一般而言，它在本质上或在主流表现上是倡导并维护和谐的，但是，由于受宗教固有特征规定，受信教群众中极端分子的影响，以及被人别有用心地利用等，宗教也往往会有某种不和谐的表现，而这也同样是不容忽视的。就回族伊斯兰教而言，历史和许多现实情况告诉我们，她也同样未能避免这一不幸的方面发生。不过，比较而言，回族伊斯兰教的某种不和谐表现，就目前而言，值得注意的现实不利影响，还主要表现在宗教内部、发生在穆斯林与非穆斯林的关系方面，而不是针对国家和政府，对于我国的政治统一基本上不具有危害性。具体言之，回族伊斯兰教主要的非和谐表现，与其固有的宗教信仰原则的刚性坚持，与其因利益和名誉问题而不可避免要发生的教派分化，与受复杂因素影响穆斯林宗教消费的某种不合理性，尤其是与一些宗教人士或穆斯林过分热衷的宣教活动等都有密切关系。因此，对于回族穆斯林而言，要想保证在我国现实条件下正常的宗教生活不被干扰，就必须认真对待可能或已经存在的这些不和谐表现，深入分析其性质、表现及影响，从而采取合理的态度或措施，努力避免其发生或消除其消极影响。

一、伊斯兰信仰刚性原则下宜提倡求同存异

当前，包括宗教对话在内的对话被人们视为构建和谐社会的重要途径。然而，也就是在开展宗教对话的过程中，人们越来越认识到，存在着各式各样难以克服的障碍，其中最大的障碍就是宗教真理的不可错问题。绝对不可错的宗教真理观主张“唯我独真”，在信仰对象、经典和教义等原则问题上实行排他主义，从而使宗教对话总是面对着一道道难以打开的门。在这种情况下，人们不得不探索宗教对话什么是可以做的，什么是不可以做的问题；人们也不得不调整自己的预期，对宗教对话抱以真正可行的期待，而不是一味地幻想。其实，宗教不可错的真理观是受宗教信仰的固有特征、受宗教信仰的不可撼动性质所决定的。任何宗教都认为自己所信仰的就是绝对正确的真理，他们自身也就是靠这种信仰来支撑的，没有了这种信仰也就没有了宗教，失去了这种信仰也就失去了宗教，这是一个非常简单的事实。不仅如此，经验事实还告诉我们，当宗教在肯定和捍卫自己信仰的“真理性”的同时，往往还会否定他人信仰的“真理性”。宗教“异端”始终是“信仰”的伴生物，这是宗教关系历史与现实中不难发现的叙事结构，也是为什么我们会在伊斯兰教中发现一些宗教人士或穆斯林在把自己的信仰（伊玛尼）视为重于生命的同时，却对所谓的“库夫尔”和“卡非尔”严加区别或严厉批判。

伊斯兰教民间经常使用的有关信仰的词汇是“伊玛尼”，译为“正信”，而那个一般意义上的也具有“信仰”含义的概念“阿构德”则在宗教著述中有少量的使用。“正信”，顾名思义，就是正确的信仰，正统的信仰，而不是偏门左道的信仰。赛伊德·古特卜的作品《〈古兰经〉荫庇下》在对经文“信士，只是确信安拉及其使者，然后没有怀疑，能以自己的财产和生命为主道而奋斗的人，这等人，确是真诚的”（49：15）做注释时讲道：“伊玛尼（正信）是内心诚信安拉及其使者。这种诚信，不会被怀疑所驳倒，是心安理得、坚定不移、警觉性的诚信，它不会动摇，不会混乱；在这种诚信中其他信念和忧虑不会浮起；心脏与感情不致因它而受压

抑，以财产生命为主道奋斗的激情却从这种诚信中涌现出来”。[①] 伊斯兰教的信仰内容很多，其核心是“诚信安拉及其使者”。伊斯兰教所要求的“诚信”要从两个方面去理解，这就是不仅要“确信”，还要“不疑”。“确信”是指相信信仰的对象、经典和教义的绝对正确，“不疑”则是指相信信仰的对象、经典和教义的绝对不会错，也不可以错。实际上，伊斯兰教的信仰同所有其他信仰一样，它们首先强调的，不是认识问题，而是态度问题，就是对经典和教义的态度问题，质言之，即，是否把经典和教义视为绝对真理的问题。王岱舆又把“伊玛尼”称做“真赐”：“真赐者，即所谓伊妈纳也”。王岱舆的意思是说：一切真理性知识都是造物主赐予的，它们就载在经典之中。“真赐先天地而为人极之宗师，处世法而为正道之枢纽。所以有真赐，然后有真知；有真知，然后有定理”。[②] 真知（真理性知识）是由信仰（态度问题）得来的，而不是自己认识得来的。

在伊斯兰教义和教法学中，“伊玛尼”的反义词是“库夫尔”。如前所述，“伊玛尼”的含义是正信、信仰或行善，是绝对的正确、不可错；“库夫尔”的含义则是不信、“伪信”或作恶，要绝对禁止而不可以去做。这两个概念同等重要，都是被强调的，而且，它们的“两分”也是被严格坚持和对待的。“‘库夫尔’……与‘伊玛尼’（正信）相对。‘库夫尔’分为‘信仰的’、‘言语的’和‘行为的’三种表现形式。信仰方面的‘库夫尔’指除信仰安拉外，又将其他事物奉为神灵，如崇拜偶像、人物，相信巫术、魔法、占卜、算命、看风水等异端邪说。言语方面的‘库夫尔’指辱骂安拉、天经和先知，反对或否定教义、教法的言论。至于行为方面的‘库夫尔’，如杀人行凶、抢劫、盗窃、奸淫、饮酒时诵安拉之名，践踏经典，无故不履行宗教功课等”。[③] 这些“恶行”有的是社会一般意义上的犯罪行为，如杀人行凶、抢劫、盗窃、奸淫等；有的则是伊斯兰教特殊意义上的违禁的行为，如崇拜偶像，对安拉、天经和先知不尊，饮酒而诵

① 〔埃及〕优苏福·格尔塔威：《信仰与人生》，第3页。

② 〔明〕王岱舆：《正教真诠·清真大学·希真正答》，“真赐”。

③ 〔土耳其〕穆罕默德·本·艾敏·阿芳迪：《伊斯兰指导讲座》，赛尔德·伊布拉欣·赵连合译，民间出版物，2000年第一次印刷，2004年第二次印刷，第40页，注①。

安拉之名，无故不履行宗教功课等，但却都是伊斯兰教所禁止的。伊斯兰教尤其关注先有“伊玛尼”然后又向“库夫尔”的转变，认为这是最可怕的事情。“须知，许多起初不是‘库夫尔’，但最后却成了‘库夫尔’，结局不好的原因例如：营干罪过，特别是大罪或常干小罪……歹结果绝对是最可怕的事情”。[①] 那么，为什么坚持“伊玛尼”而又必须反对“库夫尔”呢？原来这与“伊玛尼”的内在结构有关。按照伊斯兰教的理论，“伊玛尼”是由“知”和“行”两部分构成的，“知”是信奉“认主独一”；“行”则是“谨守中道”。两者都是有机组成部分，不可或缺。这一思想来自于《古兰经》经文：“安拉说：‘说过“我们的主是安拉”，然后遵守正道的人们，将来没有恐惧，也不忧愁，这等人，是乐园的居民，将永居其中’”（46：13—14）。还有“圣训”：“‘主的使者啊！请你告诉我，关于伊斯兰教的一句话吧！这事我无须问别人’。穆圣告诉他：你说我归信主（即你作证安拉独一，在安拉命令之事中诚信安拉），然后谨守正道（即你当顺主的命令，远主的禁止并坚持执行，你的行为必须要符合穆圣的教导）”。[②] 所以，讲“伊玛尼”不能仅停留在思想上或口头上，还必须落实在行为上，并且要坚持到底。

伊斯兰教所讲的“库夫尔”，主要是一种与信仰即“伊玛尼”相反的行为概念，这样，被判别为具有“库夫尔”行为者，就有三种结果：“伪信者”、“叛教者”，或者非穆斯林。伊斯兰教又称非穆斯林为“卡非尔”。根据伊斯兰古籍《伊斯兰指导讲座》一书的译者赵连合的解释，“卡非尔”在伊斯兰教传播初期是对怀有敌意的异教徒的解释，后来则通指非穆斯林。[③] 格尔塔威讲道：“伊玛尼（正信）这个问题，决非是人生边陲之琐事，我们不可以对它疏忽，或者轻视或者忘怀。为什么呢？因为伊玛尼（正信）问题，不仅关系到人们的生存及其命运，而且，对于人类来说，远比他的‘生命问题’还要重大”。在伊斯兰教看来，伊玛尼真理既是绝对的，又是永恒的，相对于人类短暂而有限的今世生命而言，当然更加重

① 〔土耳其〕穆罕默德·本·艾敏·阿芳迪：《伊斯兰指导讲座》，第37页。
② 〔土耳其〕穆罕默德·本·艾敏·阿芳迪：《伊斯兰指导讲座》，第35页。
③ 〔土耳其〕穆罕默德·本·艾敏·阿芳迪：《伊斯兰指导讲座》，第49页，注③。

要，因此才能影响到人们的“生存及其命运”。格尔塔威因此反复讲道：“伊玛尼（正信）问题，确实是事关人生不是永久的幸运，便是万世的倒霉；它决定人们的归宿，不是乐园，便是火狱。因此，每一个有理性的人，都应该对伊玛尼（正信）这一事关重大的问题深思熟虑，相信其真实无妄”。[①] 对于人生命运的担忧是拥有伊玛尼的动力，而拥有了伊玛尼，相对于那些没有伊玛尼的人，理所当然对未来命运会充满几分自信。所以，王岱舆就此类问题回答有关回汉区别的提问“回、汉之人，彼此皆有贤愚，若‘以妈纳’为主之恩赐，乃回之极愚者皆有，汉之极贤者皆无，何也?”时，讲道：“明德之源，独具正心，偏则不受，汉人之贤而无者，此非主之不赐，乃彼之不受也……回汉乃正偏之别……忠贞之派，无不均沾，虽未一一经历，因其有信也；叛违之首，罚之尤重，纵彼人人才能，因其不信也”。[②]

从以上所述中，可以看出，伊斯兰教视信仰（伊玛尼）重于人的生命，坚决反对“库夫尔”行为，尤其反对“伪信”和“叛教”，甚至认为“卡非尔”就不会有好的人生归宿（这种认识也许不是普遍的现象），显然，如果一味坚持以这种简单而刚性的原则去处理复杂的信仰和社会现象，是不太合理的，在一定意义上也不利于当前宗教对话的开展与和谐社会的构建。当然，保罗·尼特的发问也是不会得到他所要的答案的：“世界大部分宗教确实已经宣称拥有绝对的、最后的或者最高的真理形式。但我们所经验的世界是一个悲惨的、不仅需要接受而且需要合作与对话的世界，我们非得让每一个宗教继续坚持认为自己是‘最好的’或者拥有‘最后的真理’吗?”[③] 原因是现实的情况告诉我们，不仅是伊斯兰教，就是世界上所有其他大的宗教，要他们放弃自己拥有“最后的真理”这一信仰的立场是不可能的。相反，这一立场是需要得到尊重的，而这恰恰应该是进行宗教对话与和谐社会构建的前提。笔者因此认为，当前各大宗教的正确的做法，应该是求同存异。求同是宗教利益和社会目标上的求同，宗教利

---

① 〔埃及〕优苏福·格尔塔威：《信仰与人生》，“作者绪论”。

② 〔明〕王岱舆：《正教真诠·清真大学·希真正答》，第291—292页。

③ 〔美〕保罗·尼特：《宗教对话模式》，王志成译，中国人民大学出版社2004年版，第293页。

益就是每个宗教都能得到自由的信仰，社会目标就是构建和谐的社会，其实，这是有着密切联系的两个大的方面：只有在真正和谐的社会环境之下，宗教信仰的自由才能得到有效的维护。存异就是存各个宗教信仰原则上的“异”，这个“异”是取消不掉的，而企图取消掉的做法也是有害的。这样，对于伊斯兰教而言，弘扬自己的信仰，甚至以自己的信仰而怀有某种自信的心理，这些都是无可厚非的，是应该得到尊重的，但是，不能以此来对别人的宗教信仰或对不信仰伊斯兰教者妄加评判，甚至把自己的信仰强加于人的做法，也都是不可取的。对于所有宗教信仰而言，采取各信其是、各信各得的做法才是可取的。

二、伊斯兰教派分歧情况下宜提倡宗教宽容

人类社会中有无数种宗教信仰，也有无数种宗教教派，这是不以人的意志为转移的客观现象。马克思主义的历史唯物主义认为，宗教的发生、发展乃至消亡，有其自己的规律，不可以人为地消灭宗教现象。其实，这一原理也适合宗教教派的情况，不顾客观事实，一味地阻止宗教的教派分化是不可能的。宗教的教派分化有其必然性，属于宗教固有特征范畴。针对这种情况，现实社会中人们必须做也有可能做到的事情，是防止因教派分化和分歧而为社会稳定带来不良影响。之所以如此，是因为宗教或教派的存在与发展，都有满足人们一定精神需要的“合理性”，其中，体现着某种“市场原理”。能够存在和发展的，不管是宗教还是教派，必定有其某种满足人们需要的精神价值。一般而言，虽然任何宗教和教派的产生都离不开个别人的推动，似乎与他们个人的利益、名誉、抱负甚至野心有密切的关系，但是，他们所创建的宗教和教派能否继续存在下去，却不取决于他们个人的情况，而是取决于社会的需要，取决于“宗教市场”的选择。在我国社会主义社会，实行宗教信仰自由政策，就内在地包含着维护这一宗教市场秩序的任务，目的是使各个宗教和教派，在满足人们随时代发展而不断变化的精神需求的前提下，在确保有益社会而不是危害社会的前提下，展开公平合理的竞争。然而，毋庸讳言，改革开放以来，在我国

深入贯彻落实宗教信仰自由政策，依法对宗教实施科学管理的情况下，宗教和教派的格局却在发生着不同以往的复杂变化，受此影响而出现的新的宗教或教派分歧与矛盾，也正对我们维护社会的稳定构成着某种挑战。当前，这种情况在回族伊斯兰教中也有所反映。

伊斯兰教传入我国已有1300多年的历史，在回族中出现教派分化还是不到400年前的事，然而，其过程至今仍在进行。回族伊斯兰教除有格底目、伊赫瓦尼、赛来非耶和西道堂等教派外，还有哲赫忍耶、虎夫耶、嘎德忍耶和库布忍耶等四大门宦，教派分化不止的情况就主要发生在这些门宦之中，前三个门宦表现尤其突出。宁夏是我国唯一的省级回族自治区，这里的伊斯兰教派分化情况具有典型意义。苏非主义的哲赫忍耶门宦自马明心（1718—1781）创始以来，是在马化龙（1805—1871）之后才开始出现分化的，一开始是在甘肃的张家川出现了分别以马明心四世孙马元章（1853—1920）为首的北山门宦和马化龙之孙马进西（1868—1941）为首的南川门宦，两人在世时，又分别在宁夏奠定了西吉沙沟和吴忠板桥另外两个门宦的基础。马元章之后，从沙沟门宦中又分化出了以马继武为首的新店子门宦。20世纪60年代后期以来，沙沟门宦继续分化，出现了“301”和“陈家沟”两个分支，尤其是陈家沟支派的出现，导致了与沙沟门宦之间的大规模的武装械斗，发生了严重的流血事件。近几十年来，又有云南以周泽群（自称沙沟四爷马震武之子）为首的周派和吉林（哲赫忍耶第三辈教主马达天被清廷发配途中于1817年殁后葬于吉林，为“船厂太爷”）某个势力也在试图向宁夏境内发展，另外还有吴忠市同心县石炭沟村某些人称信奉“鸡蛋教”（系蔑称）的人也打着哲赫忍耶的旗帜在独自活动。

回族伊斯兰教的虎夫耶门宦内部比较分散，有大小几十个支派。早期在宁夏传播的有凉州庄、鲜门和通贵等门宦。凉州庄门宦的创始人是甘肃定西大湾太爷马方，传至甘肃凉州庄太爷马栋（1822—1898）时，在甘、宁、青一带传教。马栋殁后又传甘肃景泰县路塘洪家庄洪寿林，即宁夏洪门创始人。洪寿林收同心周兆仁（殁于1948年）和海原丁万明（殁于1949年）为海里凡，他们后来各自独立发展，周兆仁传马百华（殁于1992年），再传马玉武；丁万明传王进录。凉州庄太爷马栋在宁夏传教时还另外传过三个人，一位人称李老太爷（1818—1908），名讳不详，系海原县城镇北城人；一位人称硖门老太爷，此人当是海原兴隆乡炭窑村“炭窑爷”田树旺（1868—1993）；还一位是同心虎太爷虎进西（1900—1975），祖系同心县预旺乡王家脑人，后迁居海原县原罗川乡北梁徐塘村，三系后来均呈独立发展之势。宁夏虎夫耶鲜门的始祖是青海西宁的鲜美珍（1661—1739），第四辈继承人鲜向晖殁后先在西宁建黄花台拱北，后又迁建宁夏固原古城挂马沟拱北。第六辈开始在青海和宁夏两地传教，青海乐都为鲜美凤（殁于1959年），宁夏固原为鲜玉贞（殁于1956），宁夏一支的传教中心除固原古城挂马沟外，还有西吉硝河浅岔。宁夏虎夫耶通贵门宦的创始人是甘肃平凉的桥店马，此人名讳不详，收银川通贵人马金贵（殁于1938年）为弟子，并在此建道堂，由此得“通贵”之名。马金贵曾收平罗县惠北乡西润村人马万吉（殁于1950年）为弟子，此人约于1930年突然得“道”，吸引了一些追随者，与通贵分庭抗礼，一度对簿公堂，但最终因“奇迹”失灵而自消自灭。

回族伊斯兰教的嘎德忍耶门宦也是由众多联系松散的支派组成，在宁夏主要有九彩坪、齐门和明月道堂等。九彩坪门宦的传教中心在海原县李俊乡的九彩坪，创始人为云南马（殁于1721年），他是第二辈道祖，第一辈道祖为华哲·阿布都·董拉希，第七辈封印道祖为杨保元（殁于1873年）。杨保元之后门宦首领不再称道祖，而称“老人家”、“当家人”或“掌门人”。九彩坪作为传教中心的地位正是杨保元在世时确定下来的。九彩坪门宦内部近些年出现了分化苗头，宁夏的二十里铺拱北（负责人马生理已遭“驱赶”）和青海方面的一些教众大有独立发展之势，第三代当家人李德贵于2008年去世，接替者为一名年青的修道者穆凤梧，人们担心这一势头会更为加剧。宁夏的嘎德忍耶齐门创始于清末，门宦在第五辈老人家马德明（同心人，殁于1956年，一说1950年）时最终形成，但在他之后便分为三个支派：一是余明林派，以固原七营梁家堡为中心；一为海正发（殁于1998年）派，以固原石羊村为中心；一是罗思荣派（殁于1963年），以海原陈堡为中心。宁夏的嘎德忍耶明月道堂，是民国初年甘肃兰州马灵明所创灵明堂的一个分支，由原籍河南孟县的皮毛商人马仁甫（殁于1960年）在固原三营华平梁修建“明月道堂”而得名并获得传播。宁夏的嘎德忍耶还有一个支派，即文泉堂，又称“撒拉教”，为甘肃临夏人马文泉所创，以其原来主要在青海循化撒拉族人中传播而得名。20 世纪 80 年代初，文泉堂委派专人（称“那依布”，前后有于善清和马世林）负责泾源和平凉等地的传教事务，撒拉教由此传入宁夏。这一支派的传入，由于在虎夫耶洪门所属地区也有传播，所以曾引发过两个教派之间的冲突。近年来，负责人马世奎去世后，文泉堂已分化为两部分在活动，其中，一部分的中心在临夏广河文泉堂清真寺，由马良义负责；另一部分的中心在临夏市西郊寺，由马穆哈麦老人家负责。宁夏文泉堂属马良义系统。

从回族伊斯兰教的历史看，引发教派分化的原因是复杂的。有的只是国外伊斯兰教已有教派分化和分歧的反映，如，回族伊斯兰教总体上都属于伊斯兰教的逊尼派，四大门宦除了都属于苏非派外，还具体受国外的纳格什板迪耶、嘎德忍耶等的影响，伊赫瓦尼与赛来菲耶则与瓦哈比派有某种渊源关系。有的则是原有教派内部矛盾演变的结果，这种情况往往伴随着教派上层的分裂，而且，教派（门宦）分区代理人（哲赫忍耶的“热依斯”、虎夫耶的“海里凡”、嘎德忍耶文泉堂的“那依布”等）或骨干成员的势力坐大并谋求独立发展则是很重要的原因。有的则是由管理上的分工而引发的，如嘎德忍耶鲜门实行宁夏和青海分工管理的情况。不管是哪一种原因，教派的分化一般都与一些重要宗教人士的个人利益、名誉、抱负甚至是“野心”有某种联系。所以，教派分化的结果，往往不是解决原有的矛盾，而是更加激发矛盾，导致残酷的教派冲突，具体表现在如教义教法、搬请阿訇、送埋亡人、干尔麦里等事务上，极大地影响到社会的稳定和宗教的正常发展，这在历史和现实中都有深刻的教训。

如何处理回族伊斯兰教派分化、分歧和矛盾是一件非常困难的事。清朝政府曾试图取缔过新兴教派门宦，结果不仅没有达到目的，反而激起了回民的反清运动。如今地方政府的做法是，对本地新出现的教派门宦，采取的是表面上不予理睬实际上绝不承认的态度；对外来向所属领域传播者，则尽一切努力挤压其在本地的传播空间，也只是起到了表面效果，地下传播仍然难以阻止。实际上，认识到宗教发生分化乃是宗教固有特征这一情况，以上做法显然都不会是根本有效的。教派分化本身是很难靠政府的行政力量有效干预的，但是，对于教派分化带来的不稳定现象，加强依法管理却是可以做到的。所以，在当前强调引导宗教与社会主义社会相适应和依法治教的情况下，转变观念是很重要的。教派分化必然引发矛盾，甚至导致激烈冲突，这是事实。因此，做周到细致的工作，防患于未然，尽量不使分化发生是应该也可以做到的事情，也会取得某种效果。但是，对于那些内在矛盾确实已经激化，新的势力已经坐大的情况，却不可以一味采取强硬措施进行干预，这时默认其各行其教，也许不失为解决矛盾的办法，这起码是可以探讨的办法。事实上，历史曾经作出过这样的安排。在这种情况下，就要引导现有宗教或教派理性地看待宗教或教派分化现象，哪怕他们本身就是分化的受害者，也要权衡得失，审时度势，采取宽容的态度，才是真正解决问题的办法。宗教信仰毕竟不是谁可以垄断的事情，而宗教也同所有社会现象一样，是要发展变化的，其中就包括教派分化。当前，深入贯彻宗教信仰自由政策，实行宗教事务民主管理，不是仅指政府与宗教之间的事，也指宗教内部、教派之间的事。在我国社会主义社会，在宗教信仰问题上是不允许有什么专制和特权的，所以，新中国成立之初实行的宗教制度的民主改革的一些合理的做法和已经取得的成就，在新形势下还应该得到肯定，也应该得到巩固。

三、伊斯兰经济消费活动中宜提倡适度合理

宗教活动离不开必要的经济基础。改革开放以来，随着我国经济的快速发展和人民生活水平的提高，广大信教公民在宗教信仰自由政策下开展正常宗教活动的经济基础也变得越来越好。在此情况下，为了规范宗教经济活动以防止问题的发生，国家提出了宗教自办自养、节俭文明办教、减轻群众负担诸原则。早在 1982 年颁发的《关于我国社会主义时期宗教问题的基本观点和基本政策》针对当时恢复宗教活动场所的情况曾讲道："除政府批准拨款的以外，不得动用国家和集体的财物修建寺观教堂，尤其要注意防止在农村滥修庙宇。信教群众自发筹款修建，也要加以疏导，尽可能少建，更不要大兴土木，以免大量耗费人力物力财力，妨碍社会主

义的物质文明和精神文明的建设。”2004 年颁发的国家《宗教事务条例》第三章第二十条也规定：“宗教活动场所可以按照宗教习惯接受公民的捐献，但不得强迫或者摊派”。国家的这些规定及其原则精神，符合我国构建和谐社会主义社会的应有之义。那么，在当今回族伊斯兰教经济活动中贯彻得如何呢？针对这个问题，本课题重点考察了宁夏回族自治区的情况。结论是：（1）通过认真贯彻执行《宗教事务条例》，落实宗教场所的民主管理制度，认真实行财会账目公开，信教群众民主监督，宗教经济活动呈现出了良好有序的局面；（2）在有条件的城镇和个别农村地区，宗教活动场所因地制宜，在一定程度上实现了自养，在减轻信教群众经济负担方面，取得了较好的进展；（3）伊斯兰宗教教育以及包括大型活动（如干“尔麦里”）在内的各种宗教活动的经济来源，在基本依靠广大穆斯林的各种宗教奉献基础上，尚有节余，有的节余还很多，这不能不视为某些教派门宦热衷搞此类活动的原因；（4）由于城乡、区域（川区和山区）经济发展不平衡，人们的物质生活水平差距较大，所以，广大穆斯林的宗教消费所占各自的经济收入的比例也有很大差别，贫困落后地区负担相对较重，但是，由于宗教消费大都出自群众心甘情愿，所以，群众的心理承受似乎负担不是很大。不过，由于教派矛盾而分坊建寺、由于相互攀比而新建扩建宗教场所之风仍有存在，在宗教场所建设、维修工程和宗教场所日常维持（包括部分宗教教育费用）方面，由于自养不足，也存在向信教群众实行摊派，或由穆斯林企业捐助现象。还有，围绕朝觐功课，除按规定交纳朝觐费用（近 3 万元）外，出国前后人情往来，也是一宗大的消费，有的高达 2 万元左右。所以，提倡宗教消费适度合理还是一项长期任务。

以下提供的几宗案例，虽不能说具有普遍意义，但也能反映某种一般情况。

案例一：吴忠清真中大寺

宁夏吴忠清真中大寺始建于 1936 年，为伊赫瓦尼重要寺院，1938 年马鸿逵在此创办“宁夏省吴忠堡私立中阿师范学校”，校长聘请了著名经师虎嵩山。1958 年后，该寺房产或被拆毁，或被占用。1986 年恢复重建，建成后有出租房 20 间。1990 年增建女学一处。2004 和 2005 年再增建南北综合楼各一座。其中，三层北综合楼用于阿訇、满拉生活和教学，一层为男女浴室和殡仪室；四层南综合楼一、二层为门面房，三、四层拟用于办中阿学校。中大寺民国时占地7亩5分，现占地面积有所扩大，为8亩6分。两座综合楼工程总造价为3568925元，其中，南综合楼未付款1039479元，将以部分出租房租金逐年相抵，时间是从2005年5月1日起至2015年5月1日止。

调查时，我们得到了一份2004年7月至2006年9月20日的《吴忠市清真中大寺第七届财务统计表》，还得到了一份该寺2007年12个月的每月收支情况表、一份2007年《斋月份散乜贴花名》、一份2007年《古尔邦节散牲皮、肠花名》和一份2007年《吴忠市中大寺高目散各种乜贴统计表》，并综合以上资料制成下列收支表。根据《斋月份散乜贴花名》，当年斋月共收到331人的乜贴（这大概基本代表了中大寺所在坊的户数），计有：现金乜贴23280元、天课乜贴38460元、面粉108袋（每袋50斤，共计5400斤）、大米180斤、香油330斤、牛肉488斤、羊1只（约40斤）、豆腐125斤。资料还特别注明，中大寺斋月每天供饭费用为800元左右，前来吃饭的有约500人。根据《吴忠市中大寺高目散各种乜贴统计表》，2007年中大寺共收到各种乜贴176560元。在此要说明的是，从以上资料中发现，除几份花名册外，中大寺的财务统计表和收支表字面上并不平衡，原因估计是有些项目没有计入，所以，据此所作的统计分析还是粗略的。

分析：吴忠的伊赫瓦尼中大寺自1986年恢复重建以来，经过几次增建、扩建，设施现已基本齐全，可以满足坊民宗教生活的正常进行，并能维持相当规模的宗教教育。另外，从2004至2007年的情况看，中大寺的现金收入共计为2390530.17元，现金支出共计为1982124.95元，两相比较基本平衡，每年尚有节余。虽有部分工程款未偿还，但有房租保障，也不成问题。中大寺也实现了部分自养，以2007年为例，房屋和餐厅出租共得租金169647元，占当年现金收入近30%，不过，这一收入还低于坊民的宗教奉献（按当年各种乜贴收入176560元计算），后者仍占当年现金收入的35%以上，再加上不做花名册的主麻乜贴（包括上殿乜贴，共计49330.13元，占全年现金收入约9.8%），达44.8%（还不计坊民的实物奉献，如斋月的米面、肉油等）。还有就是比较大的增建、扩建、设施工程（暖气管道）中，以及每年的烧炭、取暖等项目，显然存在坊民分摊情况，不过，其中有些项目属于一次性投入，可以多年使用。

表1　吴忠中大寺财务现金收入统计表（2004—2007）

摘要	2004	2005	2006	2007
上年转入	10807.25	21895.45	24223.81※ 108029.41	285185.92
主麻乜贴	20963.60	38075.16	23387.00	49330.13
其他乜贴	912246.56	192414.44	34030.16	41750.32
房屋出租	无	145400.00	188303.00	152943.00
餐厅出租	2780.00	3160.00	无	16704.00
代收暖气费	13174.50	33420.00	937.50	79456.00
借高目款	153000.00	66500.00	无	无
大尔德乜贴	无	10394.00	24108.00	37265.00
代收水费	无	12288.60	12288.60	17625.10
天课	无	无	无	33200.00
坟地集资款	无	无	无	5150.00
炭款	无	无	无	22162.00
牛羊皮、羊肠	无	无	无	31668.50
采暖管道费	无	无	无	4000.00
其他	无	无	无	2405.00
合计	1102164.66※ 1112971.91	501652.20※ 523547.65	283054.26※ 391083.67	503659.05※ 788844.97

说明：制表依据资料由中大寺提供。由于资料不完整，2004年统计从7月份开始，2006年统计截止到9月20日，2005和2007年是全年的。“上年转入”后带“※”者，当系上一年最终节余；“合计”后带“※”者，系未把上年转入计算在内。

表2 吴忠中大寺财务现金支出统计表（2004—2007）

摘要	2004	2005	2006	2007
电费	6638.96	23606.92	无	13408.30
电话费	1174.26	1424.07	无	1543.30
工资	12954.00	26093.00	无	14785.00 23450.00（老师）
其他费用	58799.44	49175.10	无	25131.40
教务支出	11773.00	6104.30	无	无
还款	62000.00	121000.00	89000.00	77000.00
付工程款	847736.80	110000.00	无	30000.00
付自来水费	无	421.00	无	438.50
付暖气费	90000.00	77693.85	16897.75	50840.00
暖气入网	无	无	无	73326.00
阿訇乜贴	无	无	无	28150.00
满拉伙食费	无	无	无	3450.00
维修费	无	无	无	15726.00
坟地开支	无	无	无	4340.00
开斋费用	无	无	无	8044.00
合计	1091076.46	415518.24	105897.75	369632.50
余额	21895.45 24223.81※	108029.41	5838.36※ 285185.92	134026.55※ 419212.47

说明：制表依据资料由中大寺提供。由于资料不完整，2004年统计从7月份开始，2006年统计截止到9月20日，2005和2007年是全年的。“余额”后带“※”者，为账上原有数额（2005和2006年），2007年的为当年净收入支出相抵后的结果。

案例二：固原万善堂拱北

固原万善堂拱北位于头营乡石羊村，全部建筑占地20亩，属于嘎德忍耶门宦齐门系统，自称“海门”，创始人是海正发，追随者来自120多个教坊，有约3万人，主要分布在固原境内。海正发于1998年6月26日去世，门宦掌门人现为其子海有平。拱北于1992年海正发在世时开始修建，至今仍在完善之中。每年的阴历七月二十为信众来万善堂拱北点香的日期。对于拱北2008年2月1日至2009年元月31日为期一年的经济收支情况，课题组委托海明军（拱北掌门人本家）逐项做了流水账式的记录。这份资料，海明军自己做了评估，正确率在90%。记录显示，万善堂拱北全年收入544949元，基本上全部来源于“乜贴”奉献。当年支出大大超支，共计约800000元，超支部分（255000多元）来源为借款。全年支出细目为购车花470000元、建筑费130000元、干尔麦里（祭奠著名亡人，包括本门宦的，也包括嘎德忍门宦历史上的著名亡人）90000元、各种用车费用60000元、掌门人家中消费50000元（拱北实行家族管理，掌门人家庭消费因此也包含在内）。分析万善堂2008年的消费情况，我们注意到，购车和建筑两个大宗消费并不是经常性支出项目，经常性支出大概每年在20万元左右，其中，还包括石羊村一座清真寺的各项支出在内。但即使这20万元左右的支出，也主要都来源于群众的宗教奉献，暂时还没有实现自养。从2008年万善堂拱北的经济收支情况中还可以看出，当年群众的宗教奉献远远多于经常性支出，所以，拱北才能举债购买高级小汽车和花钱搞建筑。

案例三：H1家庭

H1家庭系吴忠中大寺所在坊上的居民，家住古城镇朝阳村四组，由于城市拆迁，全家已由农村居民转入城市居民。H1家庭中共有6口人，有楼房两处，分别为81、76平方米。家庭尚保留有2亩地，但农业已不是家庭收入的主要来源，其主要来源是开设的干鲜果杂货店。宁夏的吴忠地区农业条件较好，城市经济也相对较为发达。H1家庭在回族普通城市居民中，经济状况和生活水平有一定的代表性。2007年，H1的家庭收入，农业约2000元，经营干果杂货收入约40000元，此外打工收入8000元。全年消费32810元，其中，大宗消费如杂货店租房费12000元、冬季取暖费2250元、农业投入800元、学费2000元、人情往来消费2500元、宗教消费3060元，等等。其中，人情往来消费占全年总消费的7.6%，宗教消费占9.3%，两项合计共占16.9%。在此要说明的是，H1家庭因信奉伊赫瓦尼教派，其宗教消费中没有“尔麦里”一项。另外，本项资料由H1本人提供。

附：H1 家庭 2007 年宗教消费明细：

1. 尔德节宰羊 2 只，合现金 1300 元；宰鸡 10 只，合现金 300 元。

2. 两大节日（开斋节和古尔邦节）及主麻散乜贴 1200 多元。

3. 过乜贴用粮和油，合现金 260 元。

全年宗教消费总计约 3060 元。

案例四：H2 家庭

H2 家庭属于前述嘎德忍耶海门，共有 7 口人，有妻子和 3 个孩子，母亲和妹妹也一起生活。3 个孩子为两男一女，年龄在 14 岁以下，都在上学，妹妹读硕士研究生。家中虽种旱地 58 亩，基本上却是靠天吃饭，主要农作物为马铃薯、玉米、高粱等，收入主要靠养少量牛和羊，生活比较困难。H2 家住宁夏南部贫困山区农村，其贫困状况有一定的地区代表性。H2 家的调查，采取的也是委托记账式调查法，即，由其家人将他们全年的各项收入和支出记下流水账，并分别标明收入和支出事项，所以资料信息基本上是可靠的。调查结果发现，H2 家庭全年通过种植农作物、打工（摘枸杞）、出售牛羊等共计收入 13930 元。当年还银行贷款 24000 元，随后又贷 20000 元。全年支出共计 16122 元。一年下来，除银行贷款外，还欠外债 2192 元。值得注意的是，在全年支出中，人情往来支出为 7200 元，占全年支出的 45%；宗教消费支出为 2351 元，占全年支出的 14.6%，两项合计共占全年支出的 59.2%。H2 家庭的这种消费特征，在宁夏南部山区农村回族家庭中，有一定的代表性，说明他们的家庭消费在很大程度上受到社缘和信仰导向，期望以此获得社会的认同和接纳，以及家人精神上的安适与慰藉。

附：H2 家庭 2008 年宗教消费明细：

1. 平时散乜贴 87 元。

2. 父亲忌日干“尔麦里”，宰羊合现金 700 元，散乜贴 180 元，收乜贴 340 元（系三个妹妹散的乜贴），实际支出 540 元。

3. 念夜，宰羊合现金 400 元，散乜贴 110 元，买菜 70 元，共计花费 580 元。

4. 干“尔麦里”，宰羊合现金 800 元，散乜贴 230 元，共计 1030 元。

5. 开斋节散学粮费土尔 84 元，散乜贴 30 元，共计 114 元。

全年宗教消费共计：2351 元。

第三编

深度理论思考

第九章　论科学发展观与科学宗教观

科学发展观是当前我国经济社会发展的根本指导理论、世界观与方法论。如何将这一发展理念应用于我国的宗教工作与宗教研究实践，使之得到切实有效的贯彻落实，是目前我国宗教学界所面临的一项重大课题。笔者认为，我国是一个宗教多元的国家，多种宗教并存是我国的一项基本国情，除五大宗教外，还存在着各式各样的民族宗教、民间宗教、原始信仰，等等。民族问题也往往与宗教问题交织在一起。此外，我国的意识形态领域还存在着马克思主义无神论与宗教有神论的内在结构性矛盾，在相当的程度上，这体现为国家意识形态与民族意识形态、官方意识形态与民间社会意识形态之间的矛盾。所有这些都直接影响着我国的政治文明和精神文明建设，影响着我国的社会与文化发展。我国的发展（社会发展）必须解决好宗教问题，而解决好宗教问题的根本前提，毫无疑问是解决好宗教观问题，即必须树立正确的宗教观——科学宗教观。因而，就当前要求全面贯彻落实科学发展观而言，我们不可避免地面临着如何在科学宗教观中融入这一发展观理念的问题。

一、科学发展观为科学宗教观注入了新内涵

科学发展观与科学宗教观都具有世界观和方法论的含义。科学发展观虽侧重于对事物发展规律的认识，但也离不开对事物存在本质的洞察。这

是因为，对于任何事物的存在本质的认识与发展规律的认识，两者是不能截然分开的，而是密切相关的。一切科学理念都离不开对存在与发展的双重认识。事物的存在本质的认识与发展规律的认识是相互依存、相互渗透、相互影响、共同发展的。科学发展观尽管是一个针对经济社会而来的更广泛的理念，但就宗教领域而言，它与科学宗教观的关系，亦是相互依存、相互渗透、相互影响、共同发展的。宗教的存在和发展是不依人们的主观意志为转移的，因此，不管是科学发展观也好，还是科学宗教观也好，最终都要统一到对这一客观事实的尊重上来。

作为有关发展的一般的世界观和方法论的科学发展观，其贯彻落实之于不同的领域，有不同的意义，需要作不同的理解或阐释，方能得到有效的应用。宗教工作与宗教研究领域，是特殊性更为突出的领域，理应受到特别的关注。其特殊性在于，宗教的发展不在我国发展的主题范围之内，但是，经济社会的发展，宗教问题却是必须要妥善解决的。宗教问题不是作为发展的问题，而是作为发展所遇到的问题在等待着我们去解决。发展中所遇到的问题同样需要认真对待。解决不好宗教问题，我国经济社会的发展，尤其是社会的发展，就会面临着很大的阻碍。那么，如何使科学发展观在我国的宗教领域得到全面的落实呢？

在我国的宗教领域全面贯彻科学发展观，当前最根本的当然是要解决宗教观问题。而这个宗教观，既有对宗教的根本看法，也有对各种与宗教有关的问题的认识。例如，当前我国在宗教问题上，面临的一个很大的问题，就是宗教人权问题。这是因为，目前我国与西方等国家开展的有关宗教的国际对话，其核心主题就是宗教人权问题。而科学发展观恰是在如何认识和对待这个核心问题上，为我国社会主义的科学宗教观注入了新的内涵。我们知道，科学发展观的主要内涵和基本要求是：（1）坚持以经济建设为中心。（2）坚持经济社会协调发展。（3）坚持城乡协调发展。（4）坚持区域协调发展。（5）坚持可持续发展。（6）坚持改革开放。（7）坚持以人为本。这是一个以“坚持以人为本，全面、协调、可持续”发展为根本精神、根本要求、根本内容的发展观。其中，“以人为本”又是科学发展观的根本追求目标，“全面、协调、可持续”发展则是科学发展观所认准的理想的发展方式。然而，这些落实到宗教问题上，无不为我们社会主义

“宗教人权观”的全面确立提供了坚实的理念基础。

在我们社会主义国家，“以人为本”根本原则的确立，在宗教问题上，本身就提出了尊重宗教人权的重要要求。所谓“以人为本”，指的是把人民的利益当做一切工作的出发点和落脚点，不断满足人们的多方面需求和促进人们的全面发展。这里也包括信教群众的利益、需求和全面发展，并涉及信教群众的世俗与宗教的双重利益和需求问题。宗教信仰属于“天赋人权”范畴，宗教利益和需求不论其合理性如何看待，目前仍然是信教群众所追求的自身权利的体现，不能够被忽视；信教群众的全面发展也必须以此为起点，超越这一传统来谈什么实现问题是不现实的。宗教与民族，或者，宗教与民族文化之间关系的密切性，是众所周知的，而宗教与文化的多样性，实际上就是不同民族和群体的个性。对于全民信教的民族，或者，对于拥有本民族宗教信仰的民族，宗教的意义的确重大，因为在这种情况下，宗教信仰的坚持，就等同于民族身份的坚持；宗教利益的追求，就等同于民族利益的追求；宗教需要的满足，就等同于民族需要的满足；而丧失其宗教信仰的事情，几乎是不可想象的。

在我们社会主义国家，坚持“全面、协调、可持续”的发展观，在宗教问题上，其前提也首先是尊重宗教人权。坚持经济社会协调发展，指的是在不断完善社会主义市场经济体制，保持经济持续快速协调健康发展的同时，也要加快社会的发展步伐，努力实现和谐社会的发展目标。经济社会协调发展，也是对发展的全面、可持续要求，即物质文明、政治文明和精神文明都要发展，形成一种物质文明、政治文明、精神文明相互促进、共同发展的格局。正是在这里，提出了尊重宗教人权问题。这是因为，在我国现实情况下，政治文明和精神文明建设都不能忽视宗教的客观存在，都不能忽视宗教的客观影响力。只有尊重了宗教人权，才能有效地解决宗教问题，从而使广大的宗教人士和信教公民或信教民族拥护中国共产党的领导，维护国家的政治统一，维护社会的安定团结，并努力为社会主义建设而奋斗。只有尊重宗教人权，坚决贯彻宗教信仰自由政策，积极引导宗教与社会主义社会相适应，才能更好地推动我国社会主义精神文明建设。也只有在此基础上，才能创造我国物质文明、政治文明和精神文明协调发展的良好格局。

二、科学发展观为完善科学宗教观提出了内在要求

马克思主义的宗教观本身就是一个开放的、发展的宗教观，它随着时代的变迁而被不断地赋予新的内涵。毫无疑问，我国以往在对宗教的本质、特征、发展规律的认识上，在对宗教问题的性质及其重要意义的认识上，已取得了极大的成就，并在实践中就如何正确地对待宗教、如何有效地解决宗教问题方面，积累了非常有益的经验，尤其是我国宗教信仰自由政策的提出，更集中地体现了中国共产党对待宗教与宗教问题的辩证唯物主义的科学态度，以及尊重宗教人权的坚定立场。改革开放以后，在正确认识到我国尚处于社会主义初级阶段的基础上，对宗教存在的合理性与长期性，对宗教问题的复杂性与敏感性，对宗教与社会主义制度相适应的可能性与可行性，对宗教可以协助构建我国和谐社会的作用与价值，以及对宗教实行依法治理的正确性和有效性，均给予了充分的理解与重视。这些都是我国科学宗教观在随着时代的变迁而不断发展的重大体现。

作为中国共产党新的执政理念的科学发展观的提出，对进一步完善科学宗教观无疑提出了更为迫切的要求。

只要时代在发展变化，只要宗教还存在，我国的宗教观就要不断地向更为科学的方向发展，这主要体现在两个方面：一是纠正以往对宗教和宗教问题的认识的不足，即可能具有的不全面、不深刻之处；一是要对宗教出现的新的发展现象与趋势予以及时而准确的把握，并在此基础上，形成更为科学、更为合理的宗教观。解决了这两个方面的问题，无疑更有利于我们落实对于宗教人权的尊重。科学发展观的提出，的确为我们提供了正确认识宗教和宗教问题的新视角和新要求，提供了宗教理论认识上自我批判的武器，提供了自省和反思的新机会，提供了树立更为科学的宗教观的推动力。科学认识是无止境的，科学的理论观念也是需要不断更新的，这是辩证唯物主义能动认识论的一项最基本的原理。

随着科学发展观的提出，我国在宗教研究和宗教工作领域所面临的最大挑战，是在现阶段继续坚持马克思主义无神论根本立场的前提下，如何

以更加正确的态度看待宗教，以更有效的方法处理宗教问题。科学发展观对完善科学宗教观提出的内在要求，就体现在应对这一挑战的急迫性上，以及这一发展理念为我们提供的能够胜任应对这一挑战的便利和机遇上。机遇是需要抢抓的。科学发展观在继续强调发展经济的同时，更是提出了以人为本的要求，也提出了社会发展的要求。人有相当多的人（特别是少数民族中的人）是宗教信仰者，宗教生活亦是相当多的人的（特别是少数民族中的人）生活的重要组成部分；而社会（尤其是少数民族社会）发展，特别是政治文明和精神文明建设，又不可以忽视宗教的存在，离不开宗教问题的解决。所以，宗教和宗教问题在我国贯彻科学发展观的过程中，其分量显然增加了。落实科学发展观的任务愈急迫，愈是加大力度，愈是得到人们的重视，宗教和宗教问题就愈益需要给予认真关注，认真对待。在我国社会内在结构中存在着马克思主义无神论与宗教有神论之矛盾对立的背景下，尤其是考虑到我们在“文化大革命”前后曾一度以极左的方式对待宗教的做法，现在对待宗教的根本看法和根本态度，就更应该得到根本的解决，而这归根到底就是宗教观问题。

毋庸讳言，我国在辩证地对待宗教和宗教问题方面，立场和观点还有僵硬之处，还有不够开放之处，这表现在理论上，就是在某些方面还采取的是静止的方式而不是变动的方式对待宗教和宗教问题。如对宗教出现的新的发展现象，或对新兴的宗教和新出的宗教问题，在某种程度上还缺乏辩证的态度。宗教的新的发展如教派分化，新宗教的出现是客观的，不以人的意志为转移的。不管是旧有的宗教，还是新兴的宗教，其本质都是一样的。允许旧有的宗教存在，却不希望新兴宗教的出现，是不客观的。对待宗教的标准不可能也不应该是双重的。在宗教还没有消亡的历史阶段，宗教的多元化，即宗教本身的多元化、教派的多元化、宗教观念的多元化等等，是绝对不可避免的。诚然，新兴宗教会带来新的问题，会使因宗教而引起的社会问题复杂化、敏感化，但是，这只是一个数量问题，而不是质量问题，所以，不应有不同的标准。在我国，我们绝不会鼓励新兴宗教的出现，但却难于阻挡其出现，关键在于对已出现且有相当规模信众的新兴宗教，也要本着尊重宗教人权的精神对之进行有效的管理。

宗教工作和宗教研究是以宗教观为前提的。科学宗教观是宗教工作和宗教研究实践的正确指导。在我国现阶段，只有本着科学发展观进一步完善科学宗教观，向世人全面显示我们尊重宗教人权的坚定立场，才能在宗教工作与宗教研究实践中，更好地贯彻落实科学发展观。这一情况是不言自明的。实践的需要对理论创新提出了要求，同时，也为之提供了推动力。理论不可以落后于实践，实践也不可以没有先进的、科学的理论指导。世界观问题的解决更要先行。科学宗教观与宗教工作和宗教研究实践的关系即为如此。科学发展观为宗教研究工作提出的最大的实践课题，现阶段恐怕就是如何解决好宗教与社会主义相适应问题，如何解决好引导宗教为创建发展和谐社会，为政治文明、精神文明建设发挥积极作用的问题。完成好这一课题，其前提还要归根到科学宗教观上来。

三、完善科学宗教观要进一步实现马克思主义宗教观在我国的创新

我国的宗教观是建立在马克思主义宗教观的基础之上的，是用马克思主义宗教观指导我国宗教工作与宗教研究实践，并在这个过程中密切结合我国宗教实际而不断发展的科学宗教观，这一发展尤其是在改革开放以来更为显著。现在，科学发展观的提出，无疑会更加能够推动我国科学宗教观的发展和完善，从而推动马克思主义宗教观在我国实现创新性发展。正如有学者所指出的，科学发展观是辩证唯物主义的发展观，历史唯物主义的发展观，也是尊重客观规律的发展观，其所依据的是发现矛盾、认识矛盾、解决矛盾，或发现问题、认识问题、解决问题的马克思主义哲学观。辩证唯物主义是马克思主义的世界观和方法论，它强调事物的普遍联系和永恒发展，要求全面、发展地看待事物，反对片面、静止的方法。马克思主义的辩证唯物主义还强调正确认识人的主观能动性与尊重事物发展的客观规律性的关系。历史唯物主义则强调人民群众是社会发展的主体和动力。科学发展观的以人为本，全面、协调、可持续发展的思想，正是全面地体现了马克思主义的辩证唯物主义与历史唯物主义的精神实质。本着科学发展观完善科学宗教观，也同样要充分体现这一精神实质。获得进一步

完善的科学宗教观，必须能够全面地、发展地看待宗教和宗教的本质、功能及其规律，必须能够用来有效地发现、认识和解决宗教问题，能够用来顺利地引导宗教和社会主义相适应，从而使宗教为创建我国的和谐社会发挥积极作用，而不是阻碍作用。

本着科学发展观来完善科学宗教观，实现马克思主义宗教观在我国的创新发展，就需要：

第一，认真协调马克思主义无神论与宗教有神论的关系。

马克思主义无神论与宗教有神论是我国的一项重大的社会结构性矛盾，这在意识形态上虽是不可以妥协的，但在实践中却不是不可协调的，也丝毫不妨碍中国共产党人对宗教人权的尊重。实际上，在我国，马克思主义无神论与宗教有神论之间的矛盾，只是意识形态上的分歧，而不是重大利益上的矛盾，这是其可以协调的根本基础。事实上，我国在充分尊重宗教发展规律的基础上，正是在协调马克思主义无神论与宗教有神论方面，取得了非凡的成就与宝贵的经验。不过，任何事物都是在不断发展变化的，有效地协调马克思主义无神论与宗教有神论的关系，亦要不断进行。在这个问题上，没有永世良方，不变的只是必须协调这项原则。根据科学发展观的要求，今后我国在协调马克思主义无神论与宗教有神论关系的问题上，必须充分尊重宗教发展规律，必须充分尊重信教群众宗教信仰自由的权利，维护他们的正当利益，尽量满足他们的合理要求，其中，包括他们宗教信仰的要求。在这里，所面临的最大挑战恐怕是，如何对待宗教神学思想发展的问题。历史的经验告诉我们，宗教意识是在不断发展变化的，它们不会在社会主义社会里自行停止。新的宗教意识的出现，往往是新兴宗教、新兴教派兴起的前提，也往往会滋生新的宗教矛盾和问题，因此在一定程度上对社会稳定造成冲击，从而成为不稳定的社会要素。不可否认的是，神学思想的发展，还往往在一定程度上体现着时代精神和要求，也体现着信教群众的利益和要求，有的甚至伴随着某种宗教改革，所以，这是一个很值得认真对待的问题。

第二，正确认识和对待宗教的新发展现象。

宗教是在不断发展变化的，在宽松的环境下，宗教的发展变化可能会变得更加复杂和难以预测。可是，如果缺乏宽松的环境，则容易导致宗教与国家之间的紧张关系。所以，在我国，保持一种适度的宽松环境是很重要的。无论如何，宗教的发展变化是客观存在的，是不依人的意志为转移的。宗教的发展变化是一个全面的过程，可以说，宗教的各个方面都可能会发生变化。改革开放以来，由于我国的社会环境较为宽松，宗教的变化也日趋复杂化，不仅宗教神学思想变得复杂起来，新兴宗教、新兴教派甚至所谓的“邪教”也时有出现。我国宗教的新的发展现象，极大冲击着我国原有的宗教结构，也考验着我国对待和处理宗教问题的诚意和能力，并对进一步完善科学宗教观提出了迫切的要求，即要求科学宗教观，不仅能够合理地解释已有的宗教存在，还要能够科学地认识宗教的新的发展现象，尤其是能够认识改革开放后呈现出来的复杂的发展现象，这是实行有效的宗教管理所必需的。

第三，对我国的宗教信仰自由政策有必要作出适时解释。

宗教信仰自由政策是我国尊重宗教发展规律，以辩证唯物主义和历史唯物主义的态度对待宗教的产物。这是一项已经受住实践检验的非常正确的政策。这项政策的正确执行，为我国宗教的正常发展提供了保障，也为有效地解决宗教问题提供了依据，从而为维护我国社会的稳定作出了贡献。然而，宗教信仰显然是一个高度抽象的政策理念，其具体内涵还要通过理论研究与社会实践来给予不断的丰富发展，以使之不断适应发展变化的中国宗教情况。还有，政策的执行是以政策的解释为前提的。尽管政策和政策解释都要求有相对稳定性，但是，比较而言，政策解释需要更加灵活，这有利于政策在变化的条件下不断获得适用。尊重宗教信仰是中国共产党悠久的传统，宗教信仰自由政策更是新中国成立以来的一项基本国策，是我们尊重宗教人权的极大体现。这项国策在不同时期也都有适时的解释，从而保证了其基本有效地顺利执行。现在的问题是，如何根据我国宗教的新的发展现象亦作出适时而有意义的解释，即使这项政策更适用于对新兴宗教、新兴教派等的管理。科学地认识和对待宗教的存在，科学地认识和对待宗教的发展（这一点在我国的现阶段似乎更为重要），才能更全面深刻地贯彻落实马克思主义的辩证唯物主义和历史唯物主义，也更符合科学宗教观的要求。

第四，充分重视宗教创建我国和谐社会中所能发挥的积极作用。

无论是在历史上，还是在当今社会，宗教或与政治相结合，或作为政治统治工具，都是一种可资利用的社会资源。宗教或作为国家意识形态，或作为民族意识形态，对社会存在的重要影响是不容忽视的。现在，在我国这样的社会主义国家，在存在着马克思主义无神论与宗教有神论的矛盾和对立的情况下，丰富的宗教资源能否成为社会发展的某种推动力量，也应该是一个值得认真探讨的课题。事实上，我国的政治文明和精神文明建设，是不应该忽视宗教的存在的。从政治文明建设方面看，对于国家或许多少数民族而言，宗教能否与社会主义制度相适应，爱国主义能否被广大信教群众所认真接受，历史上的宗教爱国主义传统能否在当今得到继承和发扬，都是关系到国家政治统一与社会稳定的重大问题。从精神文明建设方面看，当代的精神文明应该是一个多元统一的文明体系，它不仅要崇尚科学文明和科学精神，同时也要包含各国各地区各民族原有的文明传统，尤其是那些有益于发展和进步者，其中就包括宗教文明的传统。在我国同样如此。其实，在我国所要建设的文明体系中，马克思主义应该属于政治文明范畴，除此之外，中华民族及各民族原有的传统文明，包括其中的宗教文明，凡是有益的成分，都应该在现代文明建设中得到继承和发展。只有将宗教文明有机地整合在我国的现代文明中，宗教才能够在创建我国的和谐社会中发挥出应有的积极作用。当前，我们既然承认宗教包含有丰富的和谐思想（我们对于回族伊斯兰教和谐思想的研究已证明了这一点），认为宗教能够为构建和谐社会作贡献，那么，就应该创造条件和机会，鼓励并引导其在构建我国和谐社会的伟大事业中有所作为。这些无疑也赋予科学宗教观以新的内涵。

第十章　论维护和发展我国社会主义政教和谐关系

当前，在深入学习实践科学发展观、努力构建和谐社会的新形势下，在必须认真对待和处理的影响党和国家工作全局的各种重大关系中，宗教关系是一个重要的方面。根据党中央的指示精神，要正确认识和处理宗教关系，就必须全面贯彻落实宗教信仰自由政策，坚持以法管理宗教事务，积极引导宗教与社会主义相适应，全力做好宗教领域内的统战工作。显然，这首先是对党和国家政府提出的要求，所以，处理好宗教关系，也就内在地包含着如何正确认识和处理新形势下我国的政教关系问题。从现行的宗教政策和管理实践看，我国不允许宗教在负面意义上干涉国家和社会事务，但却主张宗教为社会提供有益服务。这种政教关系的实质，虽然绝不是政教合一，但也不是完全的政教分离，而是在从政教合一到分离这个连续线上，保持了一种合而不一、分而不离、合中有分、分中有合、亦分亦合、亦一亦离的局面，我曾将这样的政教关系概括为一种“统战式的政教关系”。现在看来，仅从这样的角度来认识我国的政教关系还不够，因此，鉴于当前构建和谐社会的伟大目标，也鉴于我国存在着马克思主义无神论与宗教有神论的结构性矛盾，鉴于社会实践中难免会出现政教关系紧张的情况，我们又尝试引入了“政教矛盾—政教和谐”这一认知模式，并在此基础上提出了“维护和发展我国社会主义政教和谐关系”这个研究课题。

一、维护和发展我国社会主义政教和谐关系的内涵特征

为什么要对我国的政教关系问题以不同的模式进行新的思考呢？其原因一是政教关系乃是一种很复杂的关系，很难从非常有限的视角完全看得明白，所以有不断尝试新的视角的必要；其二是对我国的基本宗教观点和宗教政策也要不断地予以反思才能保持其正确性，而反思的结果也自然地会影响到人们对原有政教关系的认识。众所周知，宗教就其对社会和个人的影响而言，一般都具有两面性，有积极有益的一面，也有负面破坏的一面。这样，在处理宗教问题的时候，也要从两个方面入手。所以，我国当前在对待宗教问题上，一方面引导宗教与社会主义相适应，鼓励其为社会服务；另一方面则严厉防止其被利用而具有的破坏性的影响，并将宗教信仰限制在个人的私领域。“任何组织或者个人不得利用宗教进行破坏社会秩序、损害公民身体健康、妨碍国家教育制度，以及其他损害国家利益、社会公共利益和公民合法权益的活动。”① “宗教信仰自由的政策的实质，就是要使宗教信仰问题成为公民个人自由选择的问题，成为公民个人的私事。”② 然而，在此必须指出的是，我国宗教信仰自由政策的这一本质（即“实质”），与宗教本身的本质并不是完全一致的，因为宗教从本质上讲并不仅仅是个人的信仰问题，而更是一种有着非常大影响力的社会现象，所以，在宗教信仰自由政策之本质问题上，仅强调个人信仰选择的方面是不够的，归根结底是要重视社会性的宗教思想和行为，这才是体现宗教之两面性的根本所在。所以，我们必须破解现行将宗教信仰自由限定为个人私事的政策与宗教本质上是一种社会现象的这一难题，从而也决定了我们必须重新思考我国的政教关系问题。

那么，又如何理解“政教矛盾—政教和谐”模式中的“政教矛盾”呢？这是我国真实存在的情况吗？回答是肯定的，其原因除了马克思主义

---

① 《宗教事务条例》，第三条。

② 《关于我国社会主义时期宗教问题的基本观点和基本政策》，1982 年 3 月。

无神论与宗教有神论的固有矛盾外，还与宗教和宗教问题所具有的复杂性有关，与宗教具有的消极影响有关，与历史遗留的问题有关，当然也与复杂的国内外形势有关（具体情况见后文）。其实，我国必须坚持政教分离的立场本身也表明了这一矛盾的存在。坚持政教分离，无疑有利于化解这一矛盾，但却不是积极正面的做法，因为这仅是以国家公权利作为强大后盾，对宗教行为采取的一系列限制措施，是对宗教活动空间的压缩。当然，这种做法本身是对的，也是应该这样做的，但是却并不代表我国政教关系的全部内容。我国的政教关系还有积极引导宗教与社会主义社会相适应，有动员宗教为构建和谐社会服务等重要内容，这是需要采取积极正面的方法来保证的，而这方面的保证仅靠政教分离显然是无法获得的。还有，现实的社会实践中，宗教人士作为我国的重要统战对象，他们在积极意义上已在从事参政议政的国家政治事务，我国实行的显然不是彻底的政教分离政策，因此，所谓政教分离也只是在防止宗教消极影响的意义上来予以解读。所以，我们基于政教矛盾的现实，提出要维护和发展我国社会主义政教和谐关系这一命题，这样做的目的，一方面是因为其有利于化解政教矛盾，而另一方面，同样重要的是有利于发挥宗教有益社会的服务作用。

在我国改革开放的今天，全国人民面临的伟大任务之一就是全面建设中国特色的社会主义，而这一社会制度的最大优越性就在于能够促进社会生产力的健康发展，能够使各族人民共同团结奋斗，共同繁荣发展，同时也能够使逐渐强大的中国成为维护世界和平、谋求世界人民共同福祉的中坚力量。为此，中国共产党及其领导下的国家政府就必须广泛地凝聚人心，汇聚力量，动员全国各族人民齐心协力地为我们共同的历史使命发挥作用，贡献力量。在这一任务面前，鉴于宗教不容忽视的社会影响力，鉴于广大信教公民同样是社会主义社会的重要建设力量，就必须实事求是地寻求一种更好的政教关系，而政教分离前提下的政教和谐关系，无疑是各种可选择关系中的最佳选择。所谓政教和谐，根据我国目前的实际情况，其基本内涵应该是，在我国全面贯彻落实宗教信仰自由政策、严格对宗教实行以法管理的前提下，每一个宗教及其团体、宗教教职人员和普通信教公民，应该在政治上确保与党中央及其领导下的国家政府保持一致，应该能够全心全意地拥护社会主义，拥护祖国统一，从而使每一个宗教都成为我国新时期“政治同盟”中坚定的一员。

我国社会主义政教和谐关系，对于党和国家的要求，就是要全面贯彻落实公民宗教信仰自由政策，严格依法保护正常的宗教活动，维护宗教团体、宗教活动场所和信教公民的合法权益，同时也要严格依法与一切触犯公民宗教信仰自由政策的现象作斗争，严格依法打击一切利用宗教进行危害国家安全、公共安全，侵犯公民人身权利、民主权利，妨害社会管理秩序，侵犯公私财产等违法犯罪活动，以确保我国的宗教和睦与社会和谐，确保宗教事务的规范有序管理。在维护我国社会主义政教和谐关系中，党和国家政府拥有人民赋予的最高权力，是政策与法律的制定者和执行者，在包括宗教事务在内的一切国家事务中总是居于主导支配的地位，因此，对维护我国政治与宗教的和谐负有首要的责任。

我国社会主义政教和谐关系，对于每一个宗教的要求，则是要严格遵守公民宗教信仰自由政策，严格遵守各项与宗教有关的法律、法规和条例，拥护社会主义和祖国统一，决不利用宗教搞危害国家安全、公共安全，侵犯公民人身权利、民主权利，妨害社会管理秩序，侵犯公私财产等违法犯罪活动。具体言之，在思想上，各个宗教在弘扬光大本属宗教的教义思想的同时，也要有坚定正确的社会政治思想，尤其是要有拥护社会主义和祖国统一的爱国主义思想，有维护社会安定团结局面的责任精神，同时，还要能够积极地利用宗教的力量，同一切违背社会主义原则与祖国统一的思想和言论作斗争；在组织上，所有的宗教团体、宗教活动场所、宗教教育组织也都要依法成立并开展各项活动，并在宗教活动中厉行勤俭节约，反对铺张浪费，同时防止一切危害社会安全秩序的现象发生；对于全体宗教教职人员和普通信教公民而言，则要做到以其宗教提倡的“善行”济世利人，在做一个精神和道德高尚的宗教信徒的同时，也要做一个奉公守法并对社会作出有益贡献的优秀公民。尤其是宗教教职人员，更要不仅在行教事务中充当中坚骨干力量，也要在遵纪守法与和谐社会建设方面起模范带头作用。总之，在维护我国社会主义政教和谐关系中，各个宗教作为直接的另一方当事者，作为利害攸关其生存发展的受益主体，也负有极为重要的责任。

二、维护和发展我国社会主义政教和谐关系的本质必然

政教和谐是我国社会主义政教关系本来固有的状态，但是，由于现实情况的极端复杂性，真正做到完全的和谐其实是不可能的，而我国政教关系在日常维护中也确实要常常克服这样或那样的困难，不断面对这样或那样的挑战，所以，政教和谐实质上应该是我国社会主义政教关系的主流面与继续努力的方向和理想目标。但是，无论如何，政教和谐作为我国政教关系的社会现实与目标层面的状态指标和内涵特征，却是必然地体现着我国社会主义社会的深层结构与本质规定。那么，决定我国社会主义社会的政教关系必须是政教和谐的深层结构和本质规定是什么呢？

第一，中国共产党对于宗教的科学认识是维护和发展我国社会主义政教和谐关系的思想基础。

我国是一个多种宗教的国家，也是一个有着多种宗教问题的国家，这是我们基本国情的重要方面。中国共产党在宗教问题上坚持的是马克思主义的历史唯物主义的态度，认为“宗教是人类社会发展一定阶段的历史现象，有其发生、发展和消亡的过程。宗教信仰，宗教感情，以及同这种信仰和感情相适应的宗教仪式和宗教组织，都是社会历史的产物。”宗教产生的自然和社会的原因是客观存在的，不可能在短期内得到彻底摆脱，所以，尽管“在人类历史上，宗教终究是要消亡的，但是只有经过社会主义、共产主义的长期发展，在一切客观条件具备的时候，才会自然消亡”①。这是一种对待宗教存在的科学的认识和态度。中国共产党在宗教的社会作用方面，更是本着实事求是、不断探索的精神。当前，随着对科学发展观的学习和实践，人们在宗教对构建社会主义和谐社会中的积极作用又有了愈来愈客观实际的认识，提出了“只有宗教和谐才有社会和谐”、“宗教能够为社会和谐作贡献”、“宗教教义包含着和谐思想”等一些有价值的观念。这与以往曾偏重强调宗教与马克思主义无神论的对立、宗教的

① 《关于我国社会主义时期宗教问题的基本观点和基本政策》。

传统保守甚至迷信愚昧的性质相比，显然是一个很大的转变。正是由于有了人们对于宗教认识上的不断的科学深入的认识，维护和发展我国社会主义政教和谐关系才有了正确的思想基础。

第二，宗教问题上矛盾性质的重大变化是维护和发展我国社会主义政教和谐关系的社会基础。

宗教是一种复杂的社会现象，积极的一面与消极的一面并存，但其表现在不同性质的社会条件下却有本质的不同。就我国而言，“在长期封建社会和一百多年半殖民地半封建社会中，总的说来，我国各种宗教都曾经被统治阶级控制和利用，起过消极作用。国内封建地主阶级、领主阶级以及反动军阀和官僚资产阶级，主要是控制佛教、道教和伊斯兰教的领导权；后来的外国殖民主义、帝国主义势力，则主要是控制天主教和基督教的教会。解放以后，经过社会经济制度的深刻改造和宗教制度的重大改革，我国宗教的状况已经起了根本的变化，宗教问题上的矛盾已经主要是属于人民内部的矛盾。”[①] 在中国历史上，宗教曾被封建统治阶级利用来维护自己的统治，也曾被资本主义的西方势力用于侵略的目的。表现在宗教问题上的矛盾，对于我国或我国人民而言，因此或者呈现为阶级之间的矛盾，或者呈现为民族（中华民族与西方民族）之间的矛盾，其性质都是对抗性的。在我国社会主义社会，阶级矛盾已基本上不复存在，国内宗教问题上的矛盾因此也不再是对抗性的阶级矛盾，所以，除对宗教实行以法管理，积极引导其与社会主义相适应，团结宗教教职人员和普通信教公民参加社会主义建设，为国家、为社会、为人民作积极贡献外，中国共产党及其领导下的国家政府，坚决同宗教相分离，决不谋求控制和利用宗教，也决不可能让宗教成为国家上层建筑的一部分，决不助长宗教消极作用的发生。非但如此，中国共产党和国家政府还坚决防止一切与宗教有关的消极作用的发生，尤其是坚决反对一切利用宗教进行破坏的活动。至于针对属于人民内部矛盾的宗教问题，尤其是针对那些与群众问题和民族问题交织在一起的宗教问题，党和国家当然也十分重视，但是，在做法上，却要求有关部门和干部要以“特别慎重”、“十分严谨”和“周密考虑”的态度，

---

① 《关于我国社会主义时期宗教问题的基本观点和基本政策》。

采取团结教育的方式加以解决。总之，社会主义社会宗教问题上矛盾性质的转变，决定了我国的政教关系在本质上就是一种政教和谐的关系。

第三，维护和发展社会主义政教和谐关系是我国同一切反华势力围绕宗教人权进行斗争的内在要求。

我们承认，反对宗教神权、提倡世俗人权确实曾是推动欧美资本主义社会发展的重要推动力量，欧美各国人民也确实曾在历史上为捍卫人权作出过有益的贡献，而人权思想也毫无疑问是当代西方社会重要的社会思想。然而，当代西方势力却不顾他们本国内仍然存在着大量严重的人权问题，也不顾各国人民在维护人权方面必须按照本国的情况进行，我国改革开放以来在包括宗教人权在内的人权维护方面取得重大成就，世界上其实也不存在什么抽象的人权标准，却千方百计地利用宗教人权问题破坏我们国家的主权，干涉我们国家的内部事务，为此不惜嗾使我国的民族分裂主义分子和宗教反华势力，以宗教人权为借口，企图破坏我国安定团结的发展局面，干扰我国的经济社会发展进程，致使宗教问题与民族问题相交织，成为我国经济社会发展当前面临的严重挑战之一。2008 和 2009 年我国发生的严重的“3·14”和“7·5”事件，以及目前“藏独”、“疆独”等势力表现出来的猖狂之状，都有西方某些国家插手其中，而西方一些政要利用国内和国际场合不断向我国施压等，其所打的旗帜或所找到的借口其中也都包含着宗教人权问题。正是在宗教人权问题上面临的这一严峻的斗争局面，凸显了维护和发展我国社会主义政教和谐关系的重大战略意义。其实，用马克思主义无神论武装的中国共产党能够诚心诚意地坚持公民宗教信仰自由政策，认真保护公民宗教信仰权利，并庄严宣告：“尊重和保护宗教信仰自由，是党对宗教问题的基本政策。这是一项长期政策。是一直要贯彻执行到将来宗教自然消亡的时候为止的政策”①。这是在我国的具体情况下，对宗教人权的真正尊重！也是维护和发展我国社会主义政教和谐关系的坚实基础！

第四，维护和发展我国社会主义政教和谐关系是我国在宗教问题上开展统战工作的内在要求。

---

① 《关于我国社会主义时期宗教问题的基本观点和基本政策》。

统一战线是中国革命、建设和发展的一个基本问题，是中国共产党执政兴国的重要法宝。21世纪以来，中国共产党根据我国经济社会结构已发生深刻变化的情况，进一步明确了统一战线的性质和特征，指出其已由过去的“阶级联盟”发展为“全体社会主义劳动者、社会主义事业的建设者、拥护社会主义的爱国者和拥护祖国统一的爱国者”的新的“政治联盟”。搞好统一战线的工作，目的就是要为我国的现代化建设和统一大业广泛地凝聚人心，汇聚力量。我国的统一战线，在宗教方面的工作对象，包括广大的宗教教职人员，也包括广大的信教公民群众。信教公民群众固然是一个庞大的社会群体，但是，我国统战工作的重点却是宗教教职人员，尤其是他们中的宗教领袖式的人物。这是因为，这些人是我国宗教的真正的支柱，他们对广大的信教公民群众施加有极大的影响作用。不仅如此，历史和实践也证明，国内个别搞民族分裂主义和宗教极端主义的，往往就来自这些人之中，而国外的某些国家也将他们列为重点争取对象。历史和实践也多次证明，只要认真做好统战工作，不仅能将绝大多数宗教教职人员紧密地团结在中国共产党的革命和建设事业上，并通过他们影响和带动广大的信仰群众，壮大社会主义革命和建设力量，即使对一些误入民族分裂主义和宗教极端主义歧途的个别人物，有时也能起到转化作用，使他们重新回到社会主义革命和建设的正确道路上来，并为之作出有益的贡献。所以，在我国当前的形势下，维护和发展和谐的政教关系，有利于统战工作的全面开展。因为政教和谐关系的核心，就是要使广大的宗教教职人员同党和政府之间建立起和谐的关系。

三、维护和发展我国社会主义政教和谐关系面临的挑战

历史的经验告诉人们，宗教在人类社会中，或者对于人类社会而言，既有建设性的一面，也有破坏性的一面。宗教能够满足人们的某种精神需要，能够为维护社会秩序提供某种帮助，也能够为人类文化艺术的发展起到某种推动作用，等等，这些都是其建设性的体现。然而，宗教作为一种复杂的社会存在物，不仅宗教内部、宗教之间存在着分歧矛盾，宗教与社

会之间也同样存在着这样或那样的矛盾冲突。这些分歧、矛盾或冲突，有时难免被激化，呈对抗性发展，从而体现出宗教针对社会而具有的破坏性的一面。值得注意的是，这种破坏性又容易被利用，成为某种破坏工具，结果使得宗教与社会之间的矛盾冲突更加难以解决，社会必然将防止宗教的破坏性一面当做长期任务来对待。这其实就是世界各国对待宗教持有的一种普遍的态度，而各国的宗教立法也就是针对这一情况而来的。当前，维护和发展我国社会主义政教和谐关系所面临的挑战，就与宗教的这种破坏性或与宗教相关的破坏性有密切的关系。这些挑战有的还是相当严峻的。

第一，维护和发展我国社会主义政教和谐关系面临着西方某些国家利用宗教人权干涉我国内政方面的挑战。

在中国近代史上，沦为半殖民地半封建社会的中国人民，出于对西方殖民帝国主义侵略的痛恨，在全国各地曾掀起过反对西方以宗教名义搞文化侵略的斗争，人们烧教堂，杀死或驱逐传教士，这就是历史上有名的“教案”，这是帝国主义在中国与西方人民之间播下的极其负面的仇恨的种子。新中国成立以后，中国共产党奉行马克思主义无神论，拥有与西方宗教势力和信教人士截然对立的信仰立场，这再次令西方反华人士借此肆意破坏中国共产党在具有宗教传统的西方民众中的形象，得以可乘之机。中国的“文化大革命”又确实因受极左路线干扰而破坏过人们正常的宗教生活，于是更假人以口实。现在，又有流亡国外的达赖集团、热比娅之流和法轮功分子在造谣破坏，恶意诋毁，不明真相的西方民众受其蛊惑，从而把社会主义的中国想象成无神论的国度，认为一切宗教都在这里受到不公正的对待。我们无法评估这样的社会心态在西方究竟占有多大的比重，但是，从西方某些国家在干涉中国的内政时，总是揪住中国的宗教人权问题不放，便多少可以感知其比重分量。西方的某些国家，有多少人是真正想关心宗教人权，又有多少人真正想知道中国今天宗教信仰自由的状况，可能只有他们自己知道。他们利用宗教人权问题干涉中国的内政；支持达赖集团和热比娅之流搞民族分裂，破坏中国统一；扶持法轮功分子反对中国共产党的领导，攻击社会主义制度，却是确凿无疑的。在西方政府和民间反华势力的支持下，不仅达赖集团、热比娅之流和法轮功分子在国外有恃无恐，干尽破坏之能事，其对国内的影响也不可低估，2008 和 2009 年的“3·14”与“7·5”事件和国内法轮功分子屡禁不止的地下活动，就说明了这种影响的严重性。

第二，维护和发展我国社会主义政教和谐关系面临着国内民族分裂势力利用宗教破坏祖国统一方面的挑战。

近代以来，各式各样的民族国家（nation-state）愈来愈成为国际关系的基本主体。民族国家最先是欧洲人民在反对中世纪神权和王权的过程中，在强调人民主权和民主政治的基础上建立起来的，作为新的国家政治主体，类似于“中华民族”或“美利坚民族”等，均可被视为各所在国的国家主体族群，他们是政治上高度统一的新的人类共同体，其下均包括有若干亚族群，如中国的 56 个民族或美国的欧裔白人、非裔黑人、亚裔美国人、北美印第安人等。不过，当今国际社会上还仍然保留着另外一种民族主义的理想，这就是主张每一个民族都应建立自己独立的国家，这个理想成了民族分裂主义分子搞政治分裂和西方国家干涉其他国家内政的理论工具。西藏和新疆是中国的固有领土，可是，目前“藏独”和“疆独”等民族分裂主义分子，却不顾中华人民共和国已是被国际上广泛承认的国家实体，而企图将两大地区分裂出去。值得注意的是，这些民族分裂主义分子，为使其野心得逞，在自身根本无力与中国共产党领导下的强大的中国人民对抗的情况下，不惜投靠西方资本主义国家势力，甘当其反华的工具，并打着宗教的旗号，蒙蔽国内外人民，为其分裂国家的活动寻找借口。达赖作为藏传佛教领袖的身份，在这方面无疑更具有欺骗性和危害性。“疆独”则是把自己的行为粉饰为同汉族“卡非”政府进行斗争的所谓的“圣战”，为其分裂国家的政治行为寻找宗教的“正当”借口，同时又不忘利用宗教教育，一方面掩盖其非法活动，一方面为自己培养骨干。“藏独”和“疆独”活动的真正性质是搞政治分裂，目的根本不可能得逞，但是，他们企图利用宗教来实现自己的野心的做法，却为我国宗教的正常信仰带来了极大的破坏，也为我国的宗教管理带来了极大的挑战。2008 年发生的“3·14”事件中，曾将一些寺院作为搞破坏活动的大本营，也有相当多的青年喇嘛卷入事件之中，充当了搞破坏活动的骨干分子；新疆发生的包括“7·5”事件在内的历次恐怖活动中，也不乏青年宗教学生（塔利班）的参与，等等，均为国内宗教的正常信仰生活，带来了破坏性的影响。

第三，维护和发展我国社会主义政教和谐关系面临着国内各种宗教极端势力破坏社会安定团结局面方面的挑战。

由于这种利用宗教分裂国家的做法的高度一致性，在某种程度上“藏独”和“疆独”分子或他们中的一些人可以被视为宗教极端主义者。所谓宗教极端主义，理论上应是指在宗教问题上违背适度、适中原则或“中庸之道”而走极端路线的思想行为或活动。不过，在我国宗教管理的社会实践中，似乎对宗教极端主义者有着特殊的认定，主要是指那些利用宗教破坏社会安定、损害人民利益、威胁国家政治统一的一少部分人。此外，一些违背《宗教事务条例》各项规定，不利于构建和谐社会的行为或现象，也属于某种极端主义表现，如，凡是违背国家公民宗教信仰自由政策，违背《宗教事务条例》各项规定，破坏宗教和睦与社会和谐，都属于宗教极端主义的表现，具体言之，如，创立新的宗教或教派、挑起教派分歧或纷争、跨区域或跨国境宣教、组织或参与地下传教活动、以宗教名义聚敛钱财、擅自收受境内外有关组织捐献、擅自接受国外反华组织或机构指令进行活动、私自修建宗教场所、擅自创建宗教学校或举办学习班、不按有关规定组织宗教活动、不按有关规定散布宗教出版物、擅自组织朝觐活动、违犯规定建造大型露天造像、假冒宗教教职人员进行宗教活动，等等，都属于“破坏社会秩序、损害公民身体健康、妨碍国家教育制度”，“损害国家利益、社会公共利益和公民合法权益”的做法，是我国的法律法规所不允许的。这些极端主义的宗教行为或活动，都有某种隐蔽性、蛊惑性、煽动性、善变性、顽固性，容易蒙蔽部分信教或非信教群众，造成宗教或社会事端，引起宗教与社会混乱，而在性质上则难于把握，在行为上难于察觉，在方法上难于奏效，管理难度大，防不胜防，所以是要时刻警惕的。

当前，宗教管理其实几乎是一项世界性的难题，在我国，宗教管理由于有来自国外某些国家、国内民族分裂主义与宗教极端主义分子的干扰和破坏，特别是由于民族问题往往与宗教问题交织在一起，处理起来难度更大，致使参与管理的基层干部不免有宗教管理“硬不起来”的无奈。虽然即使存在着上述挑战，也绝不会因此而否定我国社会主义的政教和谐关系，但是，也同样不能否定的是我国的政教关系中，仍然存在着严重的不和谐现象，因此，要真正实现全面维护和发展我国社会主义政教和谐关系，我国还有许多艰难的工作要做。

四、维护和发展我国社会主义政教和谐关系的政通人和

我国社会主义制度的建立，决定了我国的政教关系本质上是一种和谐的关系，这符合我国传统的“政通人和”的境界追求和盛世理想。政通人和内在地规定了达致和谐社会的重要途径和方法，只有政通才有人和，政通是缔造人和盛世的关键，也是我国当下政治文明建设的真正意义所在。什么是“政通”？政通就是正确的政治理想、治国方略和治理方策，能够通行无碍，得到顺利的贯彻执行。在我国宗教问题上求政通人和，就必须注意到，我国社会主义社会本质上和谐的政教关系，不是说只要有了社会主义社会，政教关系就和谐了，而是正如前所述，我国的社会主义社会，在政教关系问题上还面临着许多严峻的挑战，政教和谐是必须通过认真努力才能够实现的。那么，在宗教问题上，怎样才能做到政通，进而很好地维护和发展我国社会主义的政教和谐呢？

第一，宗教理论正确是维护和发展我国社会主义政教和谐关系的重要前提。

中国共产党的执政党地位，决定了党的理论正确与否直接关系到我国的各项事业能否顺利进行，也直接关系到国家的命运和前途。宗教是一个非常复杂的社会现象，它处于不断的发展变化之中。人们对于宗教的认识，必须跟上宗教的发展变化。中国共产党在马克思列宁主义的指导下，在对于宗教的认识上，是深刻而正确的，但是，真正的马克思主义者，从来都相信真理既是绝对的，也是相对的，并把真理作为永恒的追求，对于宗教的把握也同样如此。当前，针对我国的宗教和宗教问题，亟须研究的课题就有：如何看待新兴宗教？如何看待教派分化？如何看待宗教的传播或渗透？如何看待宗教的社会作用和影响？如何看待宗教与民族的关系？如何看待马克思主义无神论与宗教有神论的关系问题？如何看待我国的政

教关系问题？如何看待我国仍然存在的某些政教紧张关系问题？如何看待国外某些国家利用宗教人权干涉我国内政问题？如何看待分裂主义分子利用宗教破坏祖国政治统一问题？等等。这些复杂的认识问题得不到基本正确的解决，或被简单化对待，都不利于解决我国当前面临的宗教问题。实际上，这些问题的存在本身，或某些问题的严重性本身，就说明了我们还没有找到真正有效的解决办法，或者还有待于我们找到真正有效的解决办法，当然也反映了我们的某些认识还不够深入准确。是否也反映了我们已有的认识有些是错误的，是带有片面性和带有偏见的，是仍然受到过去极左做法的影响的呢？而且，即使有了正确的认识，是否已成了全党领导干部的共识，是否在具体工作中完全贯彻了正确的认识，而没有受到各种因素干扰而歪曲了正确的认识呢？在宗教问题上如果有这么多的理论认识得不到较好的解决，显然不利于我国宗教问题的处理，也会影响到我国社会主义政教和谐关系的全面维护和发展。

第二，健全宗教法制是维护和发展我国社会主义政教和谐关系的重要保障。

我国社会主义政教关系问题的提出，说明了政治与宗教之间，既有联系，又有区别，各有其独立性。宗教是独立存在和发展的社会实体，它的影响和作用也是独立存在的社会现象。宗教与宗教问题的真实、客观存在，是维护和发展我国社会主义政教关系的事实前提。那么，在我国社会主义的政治和宗教之间，是借助什么建立联系的呢？答案是法律，是借助法律建立联系的。法律关系的存在说明了政治与宗教是对等的，但不等于说是同等的，因为宗教是受国家管理的，国家（代表人民的意志）既是法律的制定者，又是法律的实施者。法是维护和捍卫正义的，国家因此是正义背后的正义。我们是社会主义国家，国家正义，归根到底是人民正义。所以，人民正义是衡量法律正义的最终准则。政治与宗教既然在体现人民正义的法律正义面前有对等的一面，体现人民最高意志的宗教立法就对国家与宗教都有约束性。对于国家的最大要求，就是要健全宗教法制，并以身作则严格以法施治。我国非常注重宗教立法，我国的宗教法制也愈来愈健全。但是，认真分析我国2004年颁布的《宗教事务条例》，仍感到这还是一部有待进一步健全的法律条例，即使是不用求全的眼光来看待，也仍然要这样讲。2004 年《宗教事务条例》共有七章四十八条，除总则和附则外，其余五章涉及宗教团体、宗教活动场所、宗教教职人员、宗教财产、法律责任。这部法律条例没有专门针对普通信教公民个人设章，使得虽然对普通信教公民个人的宗教活动有所涉及，但分散且并不全面。其实，我国现实的宗教问题中，有相当一部分与普通信教公民个人（尤其是个别宗教激进人士）有直接关系。在对宗教团体、宗教场所、宗教教职人员的管理有法可依的情况下，更凸显了普通信教公民个人中存在的问题。《宗教事务条例》对新兴宗教、教派分化等现象也没有专门的条文，这些现象是影响社会安定的直接的宗教原因。

第三，人民内部矛盾的界定是维护和发展我国社会主义政教和谐关系的坚定信念。

毋庸讳言，我国的社会主义社会，仍然存在着宗教问题上的矛盾，有的矛盾还相当严重，危害性很大。但是，中国共产党对这一矛盾的基本把握却是：宗教问题上的矛盾主要是属于人民内部矛盾。“解放以后，经过社会经济制度的深刻改造和宗教制度的重大改革，我国宗教的状况已经起了根本的变化，宗教问题上的矛盾已经主要是属于人民内部的矛盾；但是宗教问题仍将在一定范围内长期存在，有一定的群众性，在许多地方同民族问题交织在一起，还受到某些阶级斗争和国际复杂因素的影响。”① 当今中国，以往宗教被统治阶级或宗教上层利用来压迫人民的现象已不复存在，包括宗教教职人员在内的广大信教公民与广大非信教公民，都已经成了建设社会主义的劳动者和拥护祖国统一的爱国者，他们的根本利益是一致的，他们的命运也都同祖国的繁荣昌盛紧密地联系在一起。在这样的前提下，任何因宗教问题而引发的人民群众（包括信教公民内部、信教公民与非信教公民）之间的矛盾，引发的宗教与国家之间的矛盾，只要不是根本利益上的对抗，就应该本着说服教育的做法加以认真解决，而不要采取严厉打击的方式予以解决。根据历史上的教训，尤其是在处理教派内部分歧的时候，要严防将教派矛盾转化为宗教与国家之间的对抗，国家必须以法对所有宗教进行管理，但不要插手宗教内部事务，更要严防国家机关或

---

① 《关于我国社会主义时期宗教问题的基本观点和基本政策》。

国家力量被某些宗教势力所利用，来压制和打击宗教异己。对于宗教极端分子，他们的活动虽属过分，已违反了宗教立法的某些规定，只要局限在宗教信仰范围内，没有伤害到国家和人民的核心利益，就仍然要以人民内部矛盾的方式加以处理。尤其是当宗教问题与民族问题交织在一起的情况下，更要牢牢把握我国民族与宗教问题上的矛盾主要都属于人民内部矛盾这一尺度，在处理的时候要做到“特别慎重”、“十分严谨”和“周密思考”，绝不可以简单化，或有任何不负责任的情况发生。要以法严肃处理“国家工作人员在宗教事务管理中滥用职权、玩忽职守、徇私舞弊”[①] 的情况。我们必须清楚地认识到，在社会主义社会，只要宗教存在，宗教问题和矛盾也会同样相伴随而存在，宗教内部的矛盾暂时无法获得解决的，一定不要激化，可以暂时搁置，等待机会再加以解决，不要急于求成。在社会主义社会，只要宗教存在，新兴宗教、教派分化问题也会时有发生，可以力争在其处于萌芽状态的时候就加以解决，对于失之已晚而形成事实的，则要严防进一步激化宗教矛盾；要教育相关信教公民群众，本着宗教宽容精神，相互尊重，各行其教。我们还要清楚地认识到，虽然宗教信仰问题是“公民个人自由选择的问题”，属于“公民个人的私事”[②]，但是，宗教却是社会现象，宗教问题也同样是社会问题、民族问题、群众问题，必须本着人民内部矛盾的基本态度，以法加以认真管理。

第四，国家政治统一是维护和发展我国社会主义政教和谐关系的绝对原则。

我国与欧美等西方国家不仅存在着文化与价值信念上的差异、社会制度与意识形态上的对立，还有近代以来遭受西方帝国主义国家野蛮侵略的刻骨铭心的历史，以及当前仍旧面临西方势力企图肢解我国的危险。我国政治统一的核心利益受到严重伤害，国家主权和中华民族尊严也遭到野蛮践踏。宗教人权问题被西方某些国家用来当做借口，“藏独”和“疆独”等少数民族分裂主义分子则成为甘受利用的工具。西方某些国家利用我国敏感的民族问题与宗教问题，采取极力混淆两种问题的做法，目的无非是

① 《宗教事务条例》，第六章第三十八条。

② 《关于我国社会主义时期宗教问题的基本观点和基本政策》。

企图造成我们国内的混乱，以便趁机分裂我国，而绝不是捍卫什么宗教人权。他们企图将西藏和新疆分裂出去还是第一步，更大的野心则是将这些地区直接扩大成为他们的势力范围或反华基地，直至致中国于无法生存之地，这绝对不是危言耸听！由此可以看出，我国宗教问题上的矛盾，虽然主要是属于人民内部的矛盾，但是，敌我问题是客观存在的，而且非常危险，十分严峻，极具挑战。正是身临这样一种境地，在维护和发展我国社会主义政教和谐关系的同时，我们一定要把维护祖国的政治统一作为绝对的原则，对于任何伤害我国这一核心利益的人和事，不管其来自国外，还是来自国内；也不管其来自民族，还是来自宗教；更无论其两相勾结，都要坚决予以打击，不使之有任何可乘之机。显然，宗教问题上的人民内部矛盾与敌我矛盾，仍旧是我国以法进行宗教管理时，必须注意把握的根本原则，而矛盾性质的划分，也应以是否伤害到我国的核心利益为准绳。当然，我们也承认，西方欧美等国及其他国家和地区中，在宗教人权问题上对我国持批评或攻击态度者，并非都想分裂我国，其中固然不乏缺乏了解我国真实情况者，主要是出于维护宗教信仰自由、维护宗教人权等比较纯粹的目的，才对我国提出批评的。针对这样的情况，我们有必要采取区别对待的态度，加大对外宣传力度，让包括西方在内的国外民众了解我国宗教信仰自由的真实情况，也让他们了解到，在我国真正受压抑、不自由的只是利用宗教破坏国家安全和统一的少数人，而这是当今世界所有主权国家都应该也都在采取的正当的行为。

附录　泛伊斯兰主义与回族伊斯兰教发展现状调查（节选）

毋庸置疑，改革开放以来，我国回族伊斯兰教的发展，深受所谓“泛伊斯兰主义”的影响，从某种意义上讲，她也是这个主义的一部分。那么，什么是泛伊斯兰主义？与各种社会运动相伴随的泛伊斯兰主义，在世界范围内的确颇具弥漫性和影响性，在她的各种演变形态中，最突出的似乎有两个方面：其一是具有政治化倾向的泛伊斯兰主义。这里所谓的“政治化”，如今已不是传统上要在世界范围内建立统一哈里发帝国的理想主义，而是在各民族国家（理想的当然是伊斯兰民族国家）基础上的谋求团结合作的现实主义，这样就使得新形势下泛伊斯兰主义与各种民族主义（包括民族分裂主义）相结合找到了充足的根据，也为泛伊斯兰主义充当民族独立运动或国家分裂的工具成为可能，我国新疆“疆独”版本的泛伊斯兰主义于此可为代表。其二是具有伊斯兰复兴性质的泛伊斯兰主义，这是因为当代伊斯兰复兴本身具有泛化性质，是一种世界现象，所以，无论当代的任何地方、任何时候、任何形式，只要有推动伊斯兰教发展的表现，就都成了该意义下的泛伊斯兰主义的组成部分。然而，实质言之，第二层含义的泛伊斯兰主义，应该属于“伊斯兰教的当代发展”范畴，这是伊斯兰教发展的主流形态、形式或基本潮流，非主流发展形式的泛伊斯兰主义（主要指政治化的泛伊斯兰主义）与之不可同日而语，尽管后者也是当代伊斯兰教发展的组成部分。以之衡量回族伊斯兰教的情况，基本判断是：这里不存在政治化的泛伊斯兰主义的现实，但也有两种典型表现，这就是泛伊斯兰主义的文化表现和达瓦宣教表现。值得指出的是，泛伊斯兰主义的达瓦宣教表现，与政治化的泛伊斯兰主义强调与民族主义相结合并充当民族分裂工具相反，是反对民族主义的，认为民族主义阻碍了伊斯兰教作为普世信仰的发展。这篇报告另外还在回顾历史上中（主要指中国内地）外穆斯林长期交往情况的基础上探讨了泛伊斯兰主义将其影响扩大到中国内地的必然性与途径问题，并以此作为本研究文本写作的切入点或逻辑起点，同时，也将谈到民国时期国外伊斯兰学者在中国的学术活动及影响回汉民族关系的所谓“侮教案”，前者是进一步延伸中外穆斯林交往的历史主题，后者则可从“侮教案”中看到内地回族穆斯林在维护其信仰、文化、民族尊严方面的敏感性。

一、伊斯兰教的传入是中外穆斯林长期交往的必然

中国内地虽然各族穆斯林人口都有分布，但几乎全民信仰伊斯兰教的民族却只有4个。其中，除回族人口呈现出全国分布状态外，东乡、保安和撒拉等其他3个民族基本上是甘肃或青海的特有民族。伊斯兰教本非中国固有，是由国外传入的。早在唐代，伊斯兰教诞生之初，就已随着中阿两国或地区人们之间的交往而为我国所知晓，但唐宋两代的伊斯兰教在中国主要还是外来穆斯林信仰的宗教，对当地人的影响，如果有，也是微乎其微。元代乃至后来的明清两代，随着西域回回等穆斯林人口的大批来华，以及回、东乡、保安和撒拉等新的族群的逐渐形成，伊斯兰教不仅成了中国人信仰的宗教，还发生了本土化的重要变化。明、清时期还是内地伊斯兰教发生教派分化的重要时期，结果奠定了直至今天基本的教派格局：四大教派即格迪目、伊赫瓦尼、赛莱菲耶及西道堂[①]和四大门宦即哲赫忍耶、虎夫耶、嘎德忍耶及库布林耶，四大门宦之下还包括几十个小的门宦。这里需要指出的是，明清之际内地伊斯兰教中出现的教派分化，除西道堂外，也主要是在国外影响下发生的，而且，从伊斯兰教的国外来源

① 亦有三大教派之说，即将伊赫瓦尼和赛莱菲耶合为一派看待。

以及其后的发展变化又不断受到国外影响这一点看，中国内地伊斯兰教与国外伊斯兰教之间显然长期存在着某种“绿色通道”，内地的大门也一直向国外敞开着，而且改革开放后这一通道又有所畅通。基于这一情况，我们认为，如今随处泛滥的泛伊斯兰主义就是借助这一古已有之的“绿色通道”将影响扩大到中国内地的。

中国内地伊斯兰教发生明显的教派分化是比较晚的，大约直到明朝后期，也就是16、17世纪，伊斯兰苏非主义的门宦才在回回等穆斯林族群中出现。在此教派分化过程中出现的“格迪目”名称，指的是分化后余下的穆斯林群众所信奉的伊斯兰教。“格迪目”在阿拉伯语中有“古老”的意思，其信奉者则是迄今为止内地伊斯兰教的最基本的信众。格迪目教派，是最初传入中国的伊斯兰教，原无教派之别，亦无教派之名，后来虽被称为“格迪目”，实际上并没有统一的教派组织，只是在伊斯兰教的“六大信仰”和“五大功课”方面，保持着“守教不替”的传统，而被视为一个教派而已。格迪目教派的传入方式，与其他教派和门宦也有区别，主要是随着穆斯林移民而传进来的，即随着唐宋时期的阿拉伯、波斯等穆斯林移民如商人、使者和士兵等，以及蒙元之后中亚等地回回等各族群穆斯林移民而传进来的。这些移民，来华后继续保持其原有信仰，伊斯兰教随之在中国内地安家落户，这可以看做是社会变迁使然，而不是宗教本身的原因，即不是伊斯兰教自身传播而来的。

中国内地伊斯兰教的四大门宦以及伊赫瓦尼、赛莱菲耶和西道堂的来源，则与伊斯兰教的传播有关，尤其与历史上某些中外伊斯兰传教士（宣教士）的宗教活动有直接的关系。在内地伊斯兰教的四大门宦中，哲赫忍耶与虎夫耶都是来源于国外的纳格什板丁耶，伊赫瓦尼和赛莱菲耶其渊源则可以上溯至国外的瓦哈比教派，而且从下面列举的典型案例中可以看出，这些国外的苏非主义教团或伊斯兰教教派，对中国内地伊斯兰教施以影响的主要途径，也不外乎是借助了外来的传教士或内地的朝觐或留学人员。在这种情况下，中外伊斯兰教都发生了直接的接触，而伊斯兰传教士或穆斯林留学人员也有目的地传授或学习某一门宦或教派学理，以及还有相应的经典被引入内地，而且这种影响往往是开花必有果，就是说，是相当有效的。

（一）阿帕克和卓在内地的传教

阿帕克和卓，道号“赫达叶通拉希”（意思是“安拉的正道”），1604年生于新疆的哈密，1695年（一说1693年）去世，祖籍中亚。他的祖父是玛木特·额敏，父亲穆罕默德·玉素甫。阿帕克和卓属于新疆历史上两大政治—宗教势力之一的白山派，另一派为黑山派。作为宗教教派，阿帕克和卓所属的白山派（卡朗派）以低念“齐克尔”为特征。有关研究认为，阿帕克和卓来过内地三次，在甘肃、青海等地从事传教活动，授以纳格什板丁耶学理，内地虎夫耶系统的一些门宦与之有渊源关系。据说阿帕克和卓在内地接收过的门徒有马守贞（穆夫提门宦创始人）、安西太爷（洪门门宦奉为道祖）、鲜美珍（鲜门门宦创始人，鲜门原属嘎德忍耶）、马宗生、刘伯阳、同太巴巴、李太巴、马殿功等，这些人成了当时甘青、河湟地区的伊斯兰教要人。阿帕克和卓在新疆喀什噶尔还传授过一位内地学者，名祁信一。他是河州（今临夏）人，跟着阿帕克和卓学习了《默克图布》、《热什哈其》、《默尕玛庆赛项耶》和《赛卜·艾·艾思拉勒》等经典，以及嘎德忍耶、纳格什板丁耶、赤思丁耶、赛哈耳外而丁耶等苏非道乘功课，后来成了格迪目的著名经师和修道人。

（二）华哲·阿布都·董拉希在内地的传教

根据穆斯林民间传说，在清代，国外曾来过40多位伊斯兰传教士，华哲·阿布都·董拉希即是其中的一位。他是麦地那人，号称第29代圣裔。史载他也曾三次来到中原，足迹遍布甘肃、青海、陕西、湖南、湖北和云南等地，主要传了嘎德忍耶学理。据说他首次来华是在康熙十二年（1673）。大拱北的传教史还告诉我们，华哲·阿布都·董拉希在河湟一带共收有6位门徒，其中一位还是新疆喀什噶尔人，维族，经名哈比本拉黑。[①] 在他所收门徒中，著名的有河州的祁静一、青海的鲜美珍、云南的白崖头马上人，此三人后来分别创建了嘎德忍耶的祁门、鲜门（鲜门后来改宗虎夫耶）和马门，并在这些门宦的基础上进一步演化出了更多的分

① 马通：《中国伊斯兰教派门宦溯源》，宁夏人民出版社2000年版，第92页。

支，各行其教，互不隶属。

（三）马来迟创建虎夫耶花寺门宦

马来迟，经名“阿布杜·克里木”，祖籍陕西长安，家住河州，在甘青等地学经卒业后，先是于康熙三十七年（1698）开始在西宁、河州等地开学，继于雍正六年（1723）随阿拉伯传教士筛海艾孜古白勒赴麦加朝觐。期间，拜访了麦加、也门、巴格达、大马士革等地的宗教人士，并拜筛海穆罕默德·本·艾哈迈德·阿格来为师，习虎夫耶学理3年。同时在茂俩·买核都米指导下，学习了纳格什板丁耶、沙孜林耶、卡迪里耶和苏哈拉瓦迪耶学理，被授予“艾比力夫图黑”（意思是“开路”）道号，并从阿格来处获赠八件传教信物。马来迟于雍正十二年（1734）回国后开始传教，积近30年的宣教之功，创建了花寺门宦。

（四）马明心创建哲赫忍耶

马明心是甘肃阶州（今武都）人，幼年早孤，以在清真寺做杂役（木札吾）维持生计。清雍正九年（1731），随叔父徒步赴麦加朝觐，中途遭遇风暴，叔侄失散。马明心获救后来至也门，结缘纳格什板丁耶道堂（一说沙孜林耶道堂），从师第七辈筛海伊本·载尼。乾隆九年（1744）回国，带回《卯路提》、《穆罕买斯》、《买达依哈》等经典，在循化、河州、金县、安定等地传播哲赫忍耶学理。马明心虽然于乾隆四十六年（1781）在兰州因故被清廷杀害，但哲赫忍耶却发展成了内地伊斯兰教最有影响的门宦之一。

（五）马葆真创建虎夫耶北庄门宦

马葆真，经名“哈姆扎”，东乡族，甘肃河州东乡春台北庄村人，为虎夫耶北庄门宦的创建者。马葆真曾在八坊老王寺习经，学花寺门宦学理，1812年同井沟瞎太爷到新疆莎车，被第28代圣裔谢赫·乌尼亚收为门徒，通晓了纳格什板丁耶和虎夫耶学理及干功。乌尼亚要他先赴麦加朝觐，再回当地传教。马葆真遵嘱在1814年完成朝觐后，便回北庄传了北庄门宦。

（六）马灵明创建嘎德忍耶灵明堂

嘎德忍耶灵明堂的创建者马灵明，兰州人，原名“马一龙”，字“灵明”，道号“古杜布·哈尼弗·董拉黑”。他所著《遗言》谓灵明堂的教派渊源为“一脉三弦”。“一脉”被认为是伊斯兰教，似乎没有疑义。至于“三弦”，有研究认为是指虎夫耶、嘎德忍耶和巴布派。[①] 根据《兰州灵明拱北教史》，光绪三年（1877）有一位印度人名哈比本拉西（通称“大香巴巴”），在兰州向马灵明传授了嘎德忍耶学理；光绪十一年（1886），又一位自称阿拉伯古来氏人、“圣后赛立穆尊者”的传教士，在广河向他传授了虎夫耶学理。至于巴布派，是19世纪在伊朗巴布教大起义中出现的一个新的教派，创始人为赛义德·阿里·穆罕默德，自称“巴布”（意思是“门”）、“救世主”，号召信徒为建立“正义王国”而斗争，并著有《默示录》为教派特有经典。马灵明《遗言》中明讲“无俩是巴布门前的天命”，马向真收录的《赞无俩大道》一文也说：“无俩无俩真无俩，真脉来自白格达，巴布门上有天命，伊斯兰教不二传”。[②] 虽然马灵明是否或如何接触巴布教人们尚不得而知，但是，上述情况却证明伊朗的巴布教也曾在中国内地有所传播。马灵明是在光绪二十二年（1896）被追随者奉为道祖的。

（七）马万福创建伊赫瓦尼教派

伊赫瓦尼教派的创建人马万福，东乡族，今甘肃临夏果园村人，人称“马果园”。光绪十二年[③]（1886），马万福同老师瓦里家阿訇赴麦加朝觐，直至光绪十六年（1892）回国。在外期间，马万福在麦加虎夫耶“海力巴式”道堂学习期间，结识了瓦哈比派人士欧斯曼和赛力木。据说，回国时，他瞒着瓦里家阿訇带回三部瓦哈比经典：阿卜杜勒·瓦哈布的《克什分恕布哈其》、穆罕默德的《艾扎以卜穆罕玛其》和穆罕默德·阿路西·

① 参见马通：《中国伊斯兰教派门宦溯源》，第129—137页。

② 马通：《中国伊斯兰教派门宦溯源》，第132页。

③ 一说光绪十四年（1888）。

阿凡吉的《台夫西勒如海尼默阿尼》。马万福回国后倡导宗教改革，屡经挫折，最终创建了伊赫瓦尼教派。1931年，马祥臣、果园二师傅、尕苏哥去麦加朝觐，又带回一批瓦哈比学派经典，包括：伯勒克维的《妥若盖提穆罕默定耶》和《引尕最纳以米乃》、苏乃阿尼的《台福图赫如里依其卡其》、穆罕默德阿凡吉的《以勒沙吉》、以卜尼阿比吉乃的《沙米》和《默知默奄热酒宜理》、以卜尼台米那的《默知默奄佛台哇》、艾力默海夫促的《以布达耶》。瓦哈比派经典的引入，加之以伊赫瓦尼教派的推动，无疑会扩大其思想在内地穆斯林中的影响。

（八）马得宝创建赛莱菲耶教派

马得宝，今甘肃临夏广河县人，曾是伊赫瓦尼教派阿訇，1936年赴麦加朝觐，直接接触了瓦哈比教派，归国时带回该派经典3部：艾卜·董拉希（马得宝在麦加时拜见过作者）的《伊斯俩目助有什》、穆罕默德·艾米尼的《海牙真理古鲁比》和胡赛尼的《满克塔勒海》。回国后，他依据这些经典，又自行编撰了《信仰问答》，主张回归伊斯兰教“前三辈”（“赛莱菲耶”在阿拉伯语中的意思即是“前三辈”，指穆罕默德及其弟子和再传弟子）的教义和礼仪，不承认后来增益的内容，以此从伊赫瓦尼中分离出来，自立新派——赛莱菲耶。1945年，临夏八坊铁家寺拱北信徒喇善钦等人赴麦加朝觐，受到沙特瓦哈比伊玛目胡展基接见，改奉瓦哈比教派，成了临夏穆斯林在麦加的朝觐接待人。1947年喇善钦回国，带回了阿卜都·热河麻乃·胡展基的《希勒哈尼洒推艾》和舍木孙吉尼的《者瓦布里卡非》两部瓦哈比教派经典，经马得宝推荐介绍，在临夏地区还引发了一场为“安拉”定方位的争论。①

从以上列举的典型案例中可以看出，明清以来中国内地主要伊斯兰教教派门宦的创建，不管是借助外来的传教士，还是通过内地的穆斯林留学人员，都与国外伊斯兰教保持有某种联系，这一点是有案可稽的。这说明，长久以来，中国（内地）的伊斯兰教从来就没有与国外伊斯兰教形成过彻底的隔绝，非但如此，两者之间实际上在保持着沟通，至今亦然。因

① 参见马通：《中国伊斯兰教派门宦溯源》，第186—187页。

此，改革开放后的今天，国外泛伊斯兰主义同样将其影响扩大到中国（内地），显然是情理之中的。

二、民国时期中外穆斯林的继续交往与回汉关系风波

（一）民国时期中外穆斯林的继续交往

到了清朝末年，凡是中华民族的有识之士，无不在努力地寻求着挽救国家和民族于危亡的出路。刚刚经历过反清斗争失败并遭受过重创的回族人民，在此之外，还要探索本民族的全面振兴之路。于是，我们看到，从清朝末年始，到几乎整个20世纪的上半叶，回族中的无数人不仅为中华民族的伟大振兴贡献出了自己的力量，他们还掀起了一场近代民族文化运动，纷纷组建各类社会团体、改革教育、创办报刊，在其中，清末以来出国留学的民族知识分子扮演了骨干的角色。正是在这场以宗教改革和民族复兴为主要目标的文化运动中，内地与国外穆斯林的交往也得到了不同以往的进一步发展，其结果直接推动了回族伊斯兰教育和文化事业的发展，当然也为内地伊斯兰教带来了某种杂音。

王浩然阿訇被公认为改革经堂教育，尝试新式回民教育的创始者。王浩然名宽，浩然为其字，宛平人，生于清道光二十八年（1848），经堂教育出身，曾任北京牛街大礼拜寺教长。清光绪三十二年（1906）秋，携弟子马善亭，自上海起航出国朝觐，沿途到过埃及和土耳其，得到了奥斯曼帝国皇帝（苏丹）阿布杜·哈米德的接见。在世界近代史上，正是这个奥斯曼帝国，为挽救其衰弱之势，倡导了带政治色彩的泛伊斯兰主义。“时上帝为哈米德，知阿衡为东方学者，优礼有加，赠经书千余卷，多为东土所无。阿衡以我国往昔读经固无差忒，而吐辞发音微妙处远逊西人，盖古兰读法系专门之学，非师授不能知也，翌年，偕土国专经之士哈夫曼哈三及阿里雷抓二人归，传授古兰读法，绝学因之复明。赍回之经，尽举以赠

国中同道，冀流传之广，不敢自私云。"① 另据其他史料，这次土耳其宗教人士来华，还负有"考察教务"的使命。他们来华后，就住在北京的牛街清真寺。"其第一不满该寺者，即建筑与陈设物，而痛诋殿窑正面酷似民殿阁式之小房为极不正当，屡令拆除。卒以寺中执事乡老之顽抗未克实现。"② 该两位土耳其宗教人士，阿里雷抓在王浩然回国后创立的"回教改良大学"中担任阿拉伯文化高级讲座教授，哈夫曼哈三则担任初级讲座教授。清宣统（1909—1911）末年，两位回国，土耳其"教廷复派达玺尔来华继任"。"中国回教徒对于千余年来的阿拉伯文化，至是始有一明确的观念。新的阿拉伯语文，至是始能了解和运用，而对于阿文杂志报章的阅读，也是从是时起"。据说哈米德还针对回族穆斯林不太注重读汉文书籍的情况，跟王浩然讲道："汉文既为中国国文，而中国回教徒又是中国人，却不读中国书，无怪乎他们贫而又愚，在社会上所居之地位，是无足轻重了。你在回国以后，要多多提倡教胞读书，才是爱教爱国。"③

民国时期，抱着中阿文化交流使命而出国的，还有哈德成、王静斋、马松亭、达浦生等。这些人回国后，基本上都投入到了创办学校与报刊的活动当中。著名回族翻译家王静斋1923年回国时，还带回了他从埃及搜集到的阿文和波文伊斯兰书籍达七八百种之多。成达师范的马松亭阿訇在两度——1942年和1946年——出访中，见到了埃及前后两任国王福德一世和法鲁克一世。在他的努力之下，福德一世与爱资哈尔大学校长佐瓦希理向成达师范赠送了图书441部，在此基础上建立了福德图书馆（1946年）。图书馆建成后，曾发布《征书启》，征集中、阿文书籍。其中讲道："成达师范学校于民国十四年在济南设立，中经'五三之变'，由济南迁来北平。""成达师范学校是许多回教同志办的学校，它的重要使命固在培植宗教上领导人才，但它在这种人才的培植上，除了宗教的修养外，同时并注

① 尹伯清：《王浩然阿衡传》，见李兴华、冯今源编：《中国伊斯兰教史参考资料选编：1911—1949》，上册，宁夏人民出版社1985年版，第609—610页。

② 慕：《清真寺之应用与构成》，见李兴华、冯今源编：《中国伊斯兰教史参考资料选编：1911—1949》，上册，宁夏人民出版社1985年版，第570页。

③ 参见孙绳武：《三十年来的中阿文化关系》，见李兴华、冯今源编：《中国伊斯兰教史参考资料选编：1911—1949》，下册，宁夏人民出版社1985年版，第1770—1771页。

重回教在中国之史的研究，国族意识之养成和科学知识之灌输”。“因此，筹设大规模的图书馆，东方回教唯一的图书馆，就成了他们重要工作之一。三年前，埃及前王福德一世，答应该校的请求，曾赠予一批重要而有价值的回教典籍，初步的图书馆才成立起来，为了纪念埃王的功德，便唤做福德图书馆……这是为中国回民教育——边疆教育增加力量，也就是为中国学术开辟一条新路，为中华民族制造活气。”征书启示据说在埃及方面得到了从国王、有关官员到一些大学的积极响应。成达师范还与埃及方面达成了选派教师来华的协议，首次派遣而来的为赛义德·穆罕默德·达理与穆罕默德·伊卜拉欣·福力非乐两位博士。[①]

民国时期，随着中外穆斯林交往的发展，印度一个新兴的伊斯兰教派——艾哈迈迪耶（时称“爱赫埋底叶”，今译“艾哈迈迪耶”或“艾哈埋迪耶”，又名“嘎迪亚尼亚”）也一度传进了我国。该教派于19世纪下半叶，由印度旁遮普省卡迪安人米尔扎·古拉姆·艾哈迈德（1835—1908）所创，其思想基础是艾氏于1880年出版的《艾哈迈迪耶的证论》，主张世界各大宗教同出一源，并以艾哈迈德为“新先知”、“新圣人”，同时又是基督教的救世主弥赛亚、印度教的至上神毗湿奴的化身。时人对该派的评价是：“此乃产自印度之新生邪派也。缘印度‘各底亚尼’村，有名‘爱赫埋德’者，擅解天经，造谣祸教，冒顶圣名，谬称新得真宰启示，而受圣灵感动，倡言耶稣已死不复来世之邪说。又以圣谕所言末世之耶稣自命，标奇立异，鼓簧宣传。其门人并组有爱赫埋底教会，著述书籍印发各地，阿英刊物遂遍回教各国”。1931年，北京的一份杂志《正道》刊发了代表该教派主张的文章，便被认为其在中国的代言人，并遭到了批判。一位名叫山国庆（据说是《正道》的同仁）的阿訇批判道：“按该会莫大之罪，厥有三端：一、以私意注解《古兰》；二、灭绝我教固有之礼法；三、以虚伪无根之圣谕为定凭，而弃正当学说，别开生面，而美其名曰‘革新’，实与破坏无异”。结果《正道》遭停刊，此教派也就在中国

① 参见艾宜栽：《半年来的北平成达师范学校：二十五年度第二学期》，见李兴华、冯今源编：《中国伊斯兰教史参考资料选编：1911—1949》，下册，宁夏人民出版社1985年版，第1055—1060页。

暂时消失了。[①] 艾哈埋迪耶在20世纪90年代后据说再次传了进来，有谓其有新的代理人之说；还有谓“绿色中华”网站即为该派所创，这些都还难以有定论。艾哈埋迪耶目前在中国较有影响的典籍当属《主许迈喜合著作选集》，书的前言中写道：“他（阿赫迈德）宣告，‘他的降临将最终开创人类长期以来梦寐以求的世界统一的宗教的黄金时期’。”[②] 在汉文伊斯兰网站上，人们很容易就可以查到批判该教派的各类文章。

（二）民国时期回汉关系风波与伊斯兰教问题的敏感性

清朝后期，回汉两族的关系骤然变得紧张了起来，从西北到西南，发生的回汉冲突，成了回民反清斗争爆发的导火索之一。20世纪30年代前期，由于一系列所谓“侮教案”的发生，回汉民族关系再度在一些地区出现了问题。这里所讲的“侮教案”的说法，是回族学者自己的认定。值得注意的是，集中发生在1931—1935年间的这一系列案件，大多跟新闻出版领域有关，也有的跟演艺活动有关，个别的还有其他原因。无论哪一种案件，最终都招致了回民的集体抗议，有的甚至演发为回民直接的暴力行为，不得不由政府出面干预，才得以解决。值得注意的是，改革开放以来这种风波（我们主张这一类案件可以表述为“回汉关系风波”）仍有不断的回响，如前些年发生的“性风俗”及四川某画报社的画报事件，以及层出不穷的回汉之间原本个别人之间的冲突，最终都演变成了回民群众的集体性抗议。

1.《新亚细亚》案

《新亚细亚》杂志为戴季陶主编。1931年该刊二卷4期登载了魏觉钟的“南洋回人不吃猪肉的故事”一文。文章系南洋来稿，为魏觉钟旅行南洋六七年所著《南荒民族》一书中的一节。文章由于涉及有关穆罕默德的故事，并有回民祠堂供养“猪头人身”画像等语，致使各地穆斯林纷纷致函伊斯兰《月华》报社，由该报社出面干预，终以《新亚细亚》月刊社致

---

① 参见唐震宇：《中国回教丛谈》，见李兴华、冯今源编：《中国伊斯兰教史参考资料选编：1911—1949》，上册，宁夏人民出版社1985年版，第783—784页。

② 《艾哈埋迪耶“统一宗教黄金时代”的骗局》，中国伊斯兰在线社区刊匿名文章。

函《月华》报社说明情况并加以更正而得以解决。

2.《南华文艺》案

《南华文艺》为曾仲鸣主编，上海嘤嘤书屋发行。1932年9月该刊一卷14期登载了娄子匡的“回教徒怎么不吃猪的肉”一文，引起了全国回民的强烈反应，他们呈文国民政府，通电全国。由于事件未能及时得到令回民满意的解决，后来又发起了赴京请愿活动。最终的解决办法是“行政院”通令全国不得轻视伊斯兰教；娄子匡由杭州地方法院判刑；勒令《南华文艺》停刊；创办人曾仲鸣道歉。

3. 北新书局案

此案与上一案前后相继发生，同时得到解决。事发之因是北新书局印行了林兰的《小猪八戒》一书，封面上立一人立猪形，左上角画一壶一杯。此案引发暴力行为，书局被捣毁，但回民否认为自己所为。结果书版遭毁灭，书局被查封。在解决以上两案的过程中，国民政府“行政院”曾颁布明令：

> 民族平等，信教自由，为吾党之基本政纲。国民政府基于此项政纲，对国内各民族各宗教素来扶植保护，不遗余力。回教人民为中华民国重要之成分，诩赞党国，劳绩昭著，夙为全国所爱重。乃查有北新书局、南华文艺社等流布侮辱回教文词，属殊谬妄。事端虽微，深恐远道传闻，引起误会，已令饬主管机关，依法严办，以儆效尤，而肃法纪。以后各种刊物对于任何宗教不得稍存侮视。政府于执法以绳之外，望各方咸知爱人敬事，褰异就同。值兹国难方殷，尤应切实团结，毋因细故而酿事端，幸共励之。此令！

4. 河南归德案

这是一起回汉纠纷案件，事发于1933年5月某日，归德西关汉人李全阁祖孙父子在二家西关演卖戏剧，涉及穆斯林，引发回汉斗殴，双方各伤四五人，由城关士绅出面说和，李家道歉了事。

5. 湖南回民坟地案

湖南长沙近郊梓园多为回民义地，省政府欲将义地收回建公共场所，引发当地回民于民国二十二年闰五月群起抗议，全国回民通电声援，要求当局收回成命。

6. 江西《香妃演义》案

江西南昌文益书局代售上海竞智书局出版的《香妃演义》一书，涉及抗议伊斯兰教和穆罕默的内容，引发当地回民抗议，要求公安局收缴此书。事发于民国二十二年十二月。

7. 河北《工商日报》案

民国二十二年十二月，河北《工商日报》第五版的“唐山”栏目载有“谈是非”一段内容，事涉伊斯兰教，引发当地回民通电全国回民，请求民国政府将该报及当事人究办查封。

8. 北平《中学新闻》案

1934 年 1 月，北平德胜门内某地出版的《中学新闻》第十七期载有“三字趣闻”一则，内容有涉回民，引起当地回民抗议，欲捣毁报社，后经了解为学生所办，事遂寝。

9. 河北通县《双吊孝》案

民国二十三年一月某日，河北通县万寿宫吴家戏园演唱秦腔《双吊孝》，演出内容有涉伊斯兰教，引发当地回民八百余人愤怒抗议，以有关演员挂匾致歉，向清真寺立悔过书，事件平息。

10. 河北枣林庄案

民国二十三年五月某日，河北通县枣林庄回民李凤祥在自家井内发现猪油一块，得知系汉人张六所为，引发当地回民愤怒，由镇长张楷云与商会会长谢萌三等出面调解，为枣庄清真寺挂匾一方，为李凤祥淘井表示歉意，事件得以平息。

11. 北平《东方快报》案

民国二十三年五月，北平府右街运料门内《东方快报》的“中学生”一栏，载有署名“智轩”的“宝座上”一文，穿插玉皇大帝、王母娘娘、耶和华、如来佛，并以穆罕默德为“外夷”，引发北平七百余人抗议，由“北平回民公会”分电军政当局制裁，严禁该报出版。

12. 天津《年羹尧征西》案

民国二十三年六月，天津市大胡同大成、直隶、蔚文三书局编印了

《年羹尧征西》小书一种，内容有涉回民，引发北平千余回民前往交涉，捣毁三书局门窗、书架，由“回教联合会”出面平息。

13. 河南《华北日报》案

1935年6月，河南郑县《华北日报》载广西奇闻一则，内容涉及伊斯兰教，引发河南全省回民抗议，致电全国回民及郑县专员公署，要求严惩。

14. 河北南皮烧清真寺案

日期不祥，大概发生在民国二十三年。事发缘由是，河北南皮县刁公楼有赵连元者，系汉人土豪。时当地闹土匪，民团将其击退，并进驻村庄。但是，据说赵却勾结民团烧了清真寺，致教长杨殿奎殒命。全国回民获悉后，一致通电声援，并致电河北省于孝侯主席，要求处理。

以上风波发生集中，涉及华北、华中、华东大片地区，性质多出无聊琐碎，但所酿事端严重，于回汉关系伤害不轻，足以令人深省。然而，此类事件却迄今屡禁难绝，时有发生，是知处理好民族关系断非易事。

三、改革开放以来回族伊斯兰文化的恢复与发展

中国的改革开放，与伊斯兰教复兴可谓不期而遇。30年来，内地伊斯兰教作为这个世界“潮流”的一部分，也获得了全面的恢复和发展，表现比较突出的如伊斯兰教育与文化。毋庸讳言，中国内地的伊斯兰宗教教育与穆斯林社会教育在传承穆斯林传统文化知识、提高穆斯林人口素质、开发民智等方面都起着相当重要的作用。伊斯兰宗教教育还直接推动了伊斯兰文化和文明的发展，就中国内地而言，这一发展的典型表现是汉文伊斯兰教互联网作为一种新兴的文化形式而出现，以及传统的汉文伊斯兰教报刊和翻译著述的再度兴起与发展。这些发展变化，造就了目前内地伊斯兰教文化较为繁荣的发展局面，较好地满足了广大内地穆斯林群众的精神需求及其与非穆斯林群众之间的相互了解，与此同时，也将中外伊斯兰教文化的交流推到了一个空前的程度。正是借助这些有效的宗教信仰实践形式，中国（内地）伊斯兰教也成了当代伊斯兰教复兴在本地域的一个推动力量，成为世界泛伊斯兰主义的有机组成部分。

（一）伊斯兰教教育

中国内地穆斯林接受着多种形式的教育，有国家正规教育即国民教育，也有各种形式的民族民间教育。在民族民间教育中，居于核心地位的是伊斯兰教教育。历史上的穆斯林自进入中国内地始，早在唐代就开始接受中国的儒家教育，参加科举取士，为中国穆斯林接受国家正统教育之滥觞。穆斯林民族民间教育兴起于明朝后期的经堂教育。到了清末民国时期，内地穆斯林创办民族教育的热情空前高涨，除继续接受国家正统教育外，又出现了多种符合时代要求、体现时代精神的民族民间教育形式。傅统先在其《中国回教史》中将这些教育形式归类为：（1）寺院教育，这是传统的经堂教育；（2）回民师范教育，如北平成达师范学校、上海伊斯兰师范学院、万县伊斯兰师范学校、宁夏云亭师范学校等；（3）普通学校，如北平西北公学、云南明德中学、杭州穆兴中学、青海第一中学，以及由“回教促进会”和“回民教育促进会”等在各地设立的清真小学；（4）妇女教育，如北平牛街的新月女学和北平成达师范的女子部等；（5）留学埃及等。[①] 这些教育形式，介于国民教育与民族教育、宗教教育与世俗教育之间，虽然也接受地方政府官员的某种支持（如马福祥、马鸿逵父子主政宁夏期间捐款建立的清真小学），但却几乎毫无例外地由穆斯林民族人士创办，并为本民族培养人才。这类学校的基本教育目标，不仅是要培养较为优质的宗教人才，更是志在提高全体穆斯林民族的素质，推动民族经济社会文化现代化发展。因此，凡是接受这类教育的人，在均能保证获得基本的伊斯兰教信仰知识，实现基本的民族社会道德养成，从而学会过一个穆斯林正常的宗教与社会生活的前提下，又能为国家的发展和本民族的振兴贡献力量。

历史上所有这些教育形式，改革开放以后，从大的方面看，基本上都被继承了下来，只是由于时代变迁，国民教育的性质发生了根本的改变而已，即以往的封建教育已被现代的社会主义教育所取代。国家也比以往更加关心各族穆斯林的教育问题，加大投入，力行改革，使之得到了以往不

① 参见傅统先：《中国回教史》，宁夏人民出版社2000年版，第130—139页。

可比拟的发展，广大穆斯林人口的文化素质也有了空前的提高。这一时期，内地穆斯林的民族民间教育同样得到了全面的恢复和发展，不仅一些传统的民族民间教育形式得到了再现，在国家的支持下还创兴了伊斯兰教经学院这一新的教育形式。目前内地穆斯林民族民间各种教育形式的存在与关联状态如下：

1. 经堂教育

经堂教育是内地穆斯林最为传统的伊斯兰教教育形式，自明朝后期陕西胡登州创始，由清真寺开学阿訇主导开办，主要培养伊斯兰教人才，迄今为止在内地伊斯兰教培养行教人才方面占据着不可取代的地位。

2. 中阿学校

中阿学校（包括阿拉伯语学校）是指以阿拉伯语为主（或）同时教授汉语的学校，这是清末民国时期兴起的一种新的穆斯林民族民间教育形式，改革开放以来得到了全面的恢复和发展。中阿学校不同于以往经堂教育的主要有两个大的方面：其一是用现代阿拉伯语取代明清之际的经堂语；其二就是中阿并授。现任云南纳家营伊斯兰文化学院院长的张维真认为，民国时期，中国南方之所以培养出了像庞士谦、陈克礼那样有名的翻译家，而北方则没有，究其原因，乃是传统的经堂教育“敌视中文”所致。因此，他认为，只有精通阿语并精通汉语，才能做到准确地中阿互译，才能留下永恒的译作。目前国内究竟有多少所中阿学校，或类似的教育形式（如各类培训班等），尚没见到全面的统计数字，有的估计在30多所，有的估计在50多所，显然都不是准确数字，但有一点可以指出，就是现在的中阿学校已是遍地开花结果，凡是穆斯林居住较为集中的地方，信教群众较为虔诚的地区，都有或多或少的设立。因为中阿学校的创办，既体现了广大内地穆斯林的宗教热情，也体现了市场经济条件下某种经济利益的驱动，培养经济社会所需的阿拉伯语翻译人才，是此类学校目前具有而今后仍将具有的重要现实功能之一。其实，对于内地伊斯兰教而言，中阿学校的存在，并不在于培养开学阿訇，而在于使凡是接受此类教育的未来穆斯林知识分子能够坚定自身的信仰，成为未来既能弘扬伊斯兰教，复兴伊斯兰教文化，同时也能为国家和民族的繁荣昌盛作贡献的更加全面的高级人才。中阿学校的形式与类别较多，规模和影响也大小不等，在男女混合型的中阿学校中，设有男生部和女生部，实行分别教学与管理。目前国内比较上规模，在穆斯林中有一定影响的中阿学校，有甘肃的临夏外国语学校（马志信创办，1989 年，指创办年代，下同。实际上，马志信早在改革开放之初就已开始尝试恢复这一教育形式）、张家川穆斯林学校（1991 年）、广河中阿学校（嘎德忍耶文泉堂创办，2003 年）；宁夏的银川保伏桥阿语学校（1990 年）、吴忠早元中阿学校（1945 年建，1959 年关闭，2003 年恢复重建）、同心阿拉伯语学校（世界伊斯兰银行投资兴建，1985 年）；山西的长治伊斯兰大学（马守信创办，1985 年，其前身为长治阿拉伯语学院）；云南的开远阿拉伯语中等专业学校（1979 年）、昭通振兴中阿学校（1996 年）等。①

3. *伊斯兰学校*

当代的内地伊斯兰学校大体上是在改革经堂教育的基础上创办的，基本上仍旧依托清真寺为教育场所，其教育性质和内容介于中阿学校（主要培养专门职业人才）与经堂教育两者之间，是具有时代视野和精神的伊斯兰教教育。教育目标也不仅是要培养开学阿訇，更是为全面弘扬伊斯兰教、复兴伊斯兰文化培养中坚力量，当然其追求的更大的理想是坚定全体（回族）穆斯林的伊斯兰教信仰，提高其人口素质。所以，有的学校就以“伊斯兰文化”命名，如云南的纳家营伊斯兰文化学院（1994 年）② 和巍山穆光伊斯兰文化学院（2004 年，前身为 1982 年创办的穆光师训班）、山西长治回族文化学校（举办有阿訇进修班）。此类学校还有甘肃的平凉穆

---

① 中阿学校的教育内容，可参考开远阿拉伯语中等专科学校的专业及课程设置：(1) 伊斯兰宗教与阿拉伯语专业：穆斯林信仰与思想品德学科、伊斯兰宗教与阿拉伯语学科和语言类学科，是该专业的三大板块，也是该专业的主打科目。穆斯林信仰与思想品德学科包括穆斯林信仰学基础教程，穆斯林的修养、信仰与思想品德等课程；伊斯兰宗教与阿拉伯语学科主要包括伊斯兰教义学、教法学、古兰经注学、圣训学、古兰学、古兰诵读学和新编阿拉伯语、阿拉伯语语法学以及修辞学等课程；语言类学科主要包括普高语文、大学语文、新概念英语、文学写作、演讲技巧等课程。(2) 伊斯兰宗教与经济贸易专业：本专业在坚固信仰和提高人文素质教育的基础上，使在校学生能在学好阿语和伊斯兰学知识的同时，获得比较全面的伊斯兰经济、国际贸易类知识，更好地与当今高速发展的信息时代接轨。除必须学习伊斯兰宗教课程外，还主要学习英语、语文、国际贸易概论、会计学原理和国际金融学以及计算机应用等课程。

② 根据该院 2005 年的招生简章，课程设置为：初级班有信仰、阿拉伯语、汉语、语法、古诵、古兰经、圣训等；二年级以上有信仰、经注、圣训、教法、法源学、圣训学、古兰学、伊斯兰文化、穆圣生平、教育学、伦理道德、汉语、法制课程。

斯林文化培训中心，以及西北实际在办学但却未获得政府准许而没有挂牌的各地伊斯兰学校。

4. 穆斯林女子学校

穆斯林女子学校也是当代中阿学校与伊斯兰学校创办热潮中兴盛起来的专门为广大穆斯林妇女开设的学校，代表着当代穆斯林妇女宗教与社会地位的提高，也是一种穆斯林社会进步的体现，有其观念和性质上的独特之处，所以，可以专门列为一类。内地穆斯林有一个普遍的认识，就是妇女在家庭社会与教门中占据有特殊的地位，有一个穆斯林男子受教育，只是一个人受教育；一个穆斯林女子受教育，则是一家人受教育的说法。所以，穆斯林女子学校的创办，就是为了使穆斯林妇女担当此重任而来的，所以，教育的重点是把受教育者培养成虔诚的穆斯林和教门中坚。甘肃的龙山女子学校在其招生简章中就特别宣传该校"是一所以'劝善戒恶'为使命的阿拉伯语学校"，学校的课程设置除基础阿拉伯语和汉语外，其他主要都与伊斯兰教有关，如《古兰》、经注、《古兰》诵读、"圣训"、品德、教义、认主学、信仰、穆圣生平、法学（伊斯兰教法）、法学原理、民族常识等。① 穆斯林女子学校较之中阿学校更加注重伊斯兰教知识学习和道德养成，是普遍性的现象。穆斯林女子学校，有甘肃的张家川龙山女子中阿学校；宁夏的中阿语女子学校（1995 年）、吴忠李园女寺（2005 年）、韦州杏园女校、西吉县兴隆镇女子阿语学校（2003 年）等。中阿学校中的女生部，由于实行与男生部有区别的教学与管理，也体现着这方面的教育共识。

5. 伊斯兰教经学院

以中国伊斯兰教经学院为代表的各级经学院是在国家支持下开办的穆斯林民族学校，这是一种介于国民教育与民族教育、政府教育与民间教育之间的教育形式。经学院的创办是为了培养既懂得国家法律政策，又有坚实伊斯兰教知识的教俗人才，他们可以从事伊斯兰教的管理工作，当然更多的是希望充当主持伊斯兰教教务的新型宗教人才。

① 《张家川县龙山女子中阿学校招生简章》，载《穆斯林通讯》，第 108 期。

6. 穆斯林海外留学

内地穆斯林海外留学可视为国内所有穆斯林民族民间教育基础上的延续或深造，其生源也主要来自这些教育资源。中国（内地）穆斯林海外留学，稍晚于经堂教育，大概在明末清初也开始了。早期的留学主要是宗教留学，有的穆斯林学者出国朝觐，趁机逗留国外，访求名师，圆满自己的伊斯兰教知识。如前文所述，马来迟、马明心、马万福、马德宝等回国后还创建了新的门宦或教派。清末民国时期，中国（内地）穆斯林海外留学的范围已有所扩大，学习伊斯兰教知识虽仍为其重要选择，但是，学习国外先进的科学理念与技术也是出国留学的目的之一。在当时中国已沦为西方殖民地半殖民地的情况下，海外穆斯林留学生对于穆斯林民族命运的关心，还表现为他们谋求改革伊斯兰教来实现民族振兴方面，这其中，清末留日穆斯林学生开创了良好的先河。民国时期，留学中东伊斯兰地区或阿拉伯国家的穆斯林学生，回国后还推动了中国（内地）的伊斯兰教学术文化的发展，开启了穆斯林学者“在教研教”式的学术研究。改革开放以来，中国的海外穆斯林留学生更以前所未有的规模在发展着，中东、北非、南亚、东南亚的伊斯兰地区，几乎都能看到他（她）们的身影。就是这些留学生中的一部分，以其广博的伊斯兰教知识，以及对当前世界伊斯兰教发展情况的了解，带着某种宗教使命感，回国后成了发展中国（内地）伊斯兰教的重要骨干力量。这些人真正成了当代沟通中外伊斯兰教与穆斯林交流的桥梁，他们不仅对于当前中国（内地）伊斯兰教教育，尤其是中阿或阿拉伯语、伊斯兰文化教育，而且对于汉文伊斯兰教互联网、报刊、翻译著述所作的贡献，可谓是随处可见的。值得注意的是，当代海外穆斯林留学生出国前往往都具有在中国国内清真寺经堂教育、阿拉伯语学校、伊斯兰文化学校、伊斯兰教经学院等学习的教育背景，海外留学其实是中国国内教育的延续。

（二）汉文伊斯兰教互联网

当今时代，互联网技术成为人们传播文化信息、交流思想、宣传教育、商务往来的快捷方便的形式。宗教互联网的出现，对于当代宗教的传播和发展，其意义也十分巨大。因为宗教互联网在地域空间之上，又为宗教的存在和发展提供了一个更为广阔的电子网络空间，就是说，宗教的存在又多了一种电子网络形式。与以往仅是地域存在相比，宗教的电子网络存在以其大众式的参与方式和人们的无比热衷，似乎更富于生命力，更具有效率。汉文伊斯兰教互联网作为众多宗教电子网络的一种，是指一种以汉语言文字为媒介载体的宗教互联网，其分布绝大多数都在中国内地，操汉语的广大穆斯林则是基本受众，当然，其影响范围也绝不局限于此，世界范围内凡是能够使用汉语言文字的人，如果感兴趣都可以成为其服务的对象。

汉文伊斯兰教互联网为数较多，粗略统计，比较知名的也有几十家，大致与内地穆斯林人口呈同态分布，但也受不同地区经济文化发展条件限制，有些地方穆斯林人口较少，但经济文化较发达，网站相对数量也较多，如广东和海南；山东、河南的汉文伊斯兰教网站中的商业信息则明显分量较大。在各网站推荐链接的汉文伊斯兰教网站中，甘肃的数量在各省中最多，网络规模也较大。下面所列举者，都是得到网站推荐的，如伊斯兰之窗/www. yich. org（甘肃，省名指注册地，下同。在此要指出的是，有些网站的实际所在地，并不是注册地。）、伊斯兰之光/www. norislam. com（广东）[①]、伊斯兰之星/www. islamzx. com（河南）、伊斯兰学术网/www. zhongguoysl. bokee. com（未备案）、中国穆斯林/www. zgmsl. com（甘肃）、中国穆斯林/www. 2muslim. com（甘肃）、中国穆斯林青年网/www. mslqn. com（甘肃）、中穆青俱乐部/www. muslem. net. cn（北京）、中国清真寺联盟/www. china774. com（浙江）[②]、中国穆斯林文化/www. cnctrip. com（四川）[③]、绿色中华/www. xaislam. com（广东，实际开办地址可能在陕西西安）、中华清真网/www. zmzmq. com（河南）、清真书局/www. islambook. net（北京）、清真食品园/www. guicheng. com（山东）、华夏穆斯林/www. hxmsl. com[④]、穆斯林在线/www. muslimwww. com（青

① 根据网站由中华回教博爱社主办的情况分析，网址应在中国香港。

② 由义乌市朱哈网络科技有限公司主办。

③ 为中华文化旅游网下设的一个栏目。

④ 由在北京注册备案的“圣博建站”（www. home. sunbo. com）提供平台。

海)、穆斯林通讯/www. dev. gansudaily. com. cn（甘肃）[1]、穆民先驱网/www. muslimherald. com（未备案)、穆斯林信息网/www. mslxx. cn（甘肃)、信仰之窗/www. haimo. home. sunbo. net（新疆)、信仰之窗/www. xyzc. net（河南)[2]、真理人生/www. islam. anyp. cn（河南)[3]、《古兰经》信息网/www. gulanjing. com（未备案)、中国伊斯兰教协会/www. chinaislam. net（未备案)、宁夏伊斯兰在线/www. nxislam. net（宁夏，未备案)、青海回族撒拉族救助会/www. qhhsjzh. com（青海)、半岛伊兰香/www. bdylx. com（山东)、长治回族—穆斯林网/www. czhzmsl. cn（山西)、真理人生路——伊斯兰/www. wangyamin. com（河南，未备案)[4]、摇篮社区/www. kyaz. net（云南)、开远阿拉伯语中等专业学校/www. kyaz. com（云南)、伊呼/www. islamhood. com（新疆)、赛俩目/www. slm. cc（甘肃)、回族交友/www. muslim-love. com（天津)、三亚穆斯林/www. islamsanya（海南，未备案)[5]、伊旗/www. yiqi1118. net（海南，未备案)[6]、撒拉/www. sala. 018098. cn（青海，未备案）等。

汉文伊斯兰教互联网网站多，栏目多，内容丰富，形式多样。从栏目内容方面看，有综合性网站，也有专门性网站。综合性网站比较大而全，尽量做到面面俱到，应有尽有。以栏目较齐全的“伊斯兰之窗”为例，共设有30个栏目：首页（用来展示各栏目的主要内容)、动态（时事政治、社会、宗教新闻等)、经训、人物、学术、教育、书库、录音课堂、学习阿语、青年生活、长治南寺女校、图库、影音、留言、杂志、问答、文苑、服务、山牧专栏（宣传伊斯兰教基本信仰知识)、资料介绍、宗教信仰（伊斯兰教教义学、教法学讨论)、综合下载、教法问答翻译、伊斯兰历史、穆斯林妇女、了解伊斯兰、百科全书（伊斯兰百科知识)、mp3 古兰经下载、论坛、博客。综合性网站的介质有文字、图片、声音、影像等。专门性网站或者在内容上有专门的主题，如“苏菲论坛”/www. bbs. chinasufi. cn（未备

① 版权归甘肃日报社每日甘肃网。

② 本网站已发布公告，现网站即将停止运行，新址为 www. zhmsl. com。

③ 由河南新乡穆斯林主办。

④ 由河南淮阳县西方庄清真寺主办。

⑤ 网址设在三亚市凤凰镇回辉清真北大寺。

⑥ 网址设在三亚市凤凰镇回辉社区。

停留在清真寺古老的讲坛上。人们只能在主玛上通过听阿訇讲卧解伊斯兰，而且每周只有一次。”还指出：“上世纪80年代以来，学校、学习班如雨后春笋，蓬勃兴起。创办各种报纸、杂志，翻借助于现代化宣传工具阐释伊斯兰，取得了可喜的成绩。实践证利用现代化宣传媒体阐释、宣讲伊斯兰真理，对于在穆斯林中普知识，让非穆斯林了解伊斯兰文明，成效显著。”① 虽是小报的的这一番话，反映了汉文伊斯兰教报刊编办者们的基本的考虑。

管内容和形式较为复杂多样，但是，汉文伊斯兰报刊的确如《伊言，志在宣传、弘扬伊斯兰教，只不过是采取了汉语言文字的形其针对的读者对象，则不仅有操汉语的穆斯林，还有操汉语并有意斯兰教的非穆斯林。值得注意的是，除了传统上宣传伊斯兰教知传递穆斯林信息外，汉文伊斯兰报刊也愈来愈多地关心社会问题，尤穆斯林在目前复杂环境下所面临的社会文化问题，并对之展开积极讨最新出版的两个杂志《文化流》和《关注》，其风格与以往不同，显于穆斯林知识分子之手笔，其志向也已不在一般宣传伊斯兰教，而在知（穆斯林）社会和文化。《文化流》的发刊词中写道：“透过‘恐与反‘恐怖’的政治迷雾，穿过媒体有意设置的新闻烟障，我们发现一条清澈纯净的文化价值溪流，正在不经意间流动在我们的身边——这是伊斯兰的文化信仰价值。”而杂志所关心的正是用这一文化价值“重精神、重建秩序的拯救性文明。”《关注》（张承志为刊名题字）编办者信念则是：“观察触动思考，阅读唤醒理解，信念支撑正义”，并在其创号上重点推出了“30年的回眸——中国穆斯林社会三十年回顾访谈”，访谈主题和对象分别是：沧桑迁变：从官方到民间/访谈马贤、文化和谐：世界是个大花园/访谈伍贻业、经堂教育：本土化的信仰堡垒/访谈金镖、民间阿校：时代需求就是硬道理/访谈马志信、民间留学：催生一代文化代言人/访谈丁士仁、民间译介：打开天窗说亮话/访谈康有玺、民间报刊：文化记忆中的温暖/访谈达吾、民间公益：信道者必须行善/访谈韩文科。

① “赛俩目”网，报刊栏，2005年12月3日。

案）和“真境绿翠”/www. chinasufi. org（未备案）均是专门宣传伊斯兰苏非主义的网站、“清真书局”是一个密切关注伊斯兰教最新学术成果的专门网站、“《古兰经》信息网”是一个关于《古兰经》和“圣训”的专门网站、“清真食品园”是有关清真食品的专门网站；或者有专门的对象，如“中国穆斯林青年网”和“中穆青俱乐部”，都是以穆斯林青年为主要对象；或者采取专门的形式，如“伊斯兰之声”是专门提供广播、录音资料（以汉语为主）的伊斯兰教网站、“星期五北京穆斯林俱乐部”/www. moslemclub. com/bbs（北京）是一个专门供穆斯林联谊的网站、QQ穆斯林/www. qqmsl. com（新疆）是一个专门用来网上交友的网站、穆缘BBS/www. 52msl. com（未备案）则是一个专门的穆斯林论坛网站。

汉文伊斯兰教互联网的创建，其目的和所肩负的使命显然是多样的，但是，作为宗教网络，其核心目的和使命被解释为宣教，是完全可以理解的。正如当代著名的伊斯兰学者格尔达威所讲的那样：“我们应向地球上所有的人宣传我们的宗教，直到他们了解伊斯兰教的实质并重视和研究它。如安拉所喜悦的那样使他们成群结队地加入真主的宗教。宣教对伊斯兰是必然的，也是大众主命，所以我们把伊斯兰教传到世界各地，而学者们必须要具备多种语言来传播伊斯兰教。安拉说：‘我不派遣一个使者则已，但派遣的时候总以他的宗族的语言降示经典以便他们阐明正道。’（14：4）对此经文我和普通人一样含糊地理解了这段经文：我所理解的意思是：我们对英国人用英语宣教；对中国人用汉语宣教；这是必须的条件。同样我们对东方人用东方语言宣教，而不要用游牧人的语言对城市人宣教。我们用21世纪的语言向21世纪的人宣教，而不用上个世纪的语言来宣教，并且要用每个时代特有的媒体来宣教。我们要利用文字、广播、电视和当今所出现的新媒体网络。别的宗教利用网络媒介传播自己的宗教的信条，而穆斯林更应该利用这些媒体传播神圣而又伟大的伊斯兰教。不要让误入歧途、迷失方向、思想凌乱的人去宣传伊斯兰教。伊斯兰民族应培养一些宣教人员。这就需要制订一个全球化的计划，并利用网络为伊斯兰服务、向全世界的人宣传伊斯兰教。让非穆斯林了解伊斯兰的信仰、教法、美德、文化。让他们了解真正的伊斯兰，并为他们阐明伊斯兰的实质，回答他们的问题，改正他们的思想和来源于传统文化及流行文化的错误。网络计划的使命是改善穆斯林，劝化非穆斯林，安拉说：'这是我的道路，我号召人们信仰真主。和随从我的人都是依明证的。'（12：108）"①

（三）汉文伊斯兰教报刊

内地穆斯林创办汉文伊斯兰教报刊已有一个世纪左右的历史，始于清朝末期，民国时期（1912—1949）一度延续到三四十年代；改革开放30年来，迎来了又一个新的发展时期。在此期间，虽然有一些报刊已停办，杂志如《中阿校刊》（甘肃临夏）、《召唤》（宁夏同心）、《智慧》（甘肃兰州）、《伊斯兰》（北京）、《使命》（内蒙古呼和浩特）、《视野》（云南昭通）；报纸如《启明星》（甘肃广河），但却有更多的报刊坚持了下来，而且还有新的不断出现。目前正在出版发行的杂志，如《中国穆斯林诗书画》（甘肃兰州）、《开拓》（甘肃兰州）、《穆斯林文摘》（甘肃兰州）、《新月》（甘肃平凉）、《星光》（宁夏三营）、《昆仑艺苑》（青海西宁）、《绿荫》（青海西宁）、《伊友》（青海西宁）、《伊斯兰文化研究》（陕西西安）、《导航》（陕西西安）、《劝善》（山西长治）、《阿敏》（河南周口）、《高原》（云南纳家营）、《文化流》（香港）、《关注》（香港）、《尔麦里》（云南昆明）、《伊兰园》（云南开远）、《时光》（浙江义乌）、《新月华》（北京市宣武区）、《清真书话》（北京市海淀区）、《阅读引擎》（北京市海淀区）、《伊光》（四川成都）、《回族书画报》（辽宁沈阳）、《回响》（内蒙包头）、《求知》（内蒙海拉尔）；《中国穆斯林》（北京市宣武区）、《甘肃穆斯林》（甘肃兰州）、《宁夏穆斯林》（宁夏银川）、《陕西穆斯林》（陕西西安）、《内蒙古穆斯林》（内蒙呼和浩特）、《河南穆斯林》（河南郑州）、《河北穆斯林》（河北石家庄）、《云南穆斯林》（云南昆明）、《湖南回维族穆斯林》（湖南长沙）、《广东穆斯林通讯》（广东广州）、《广州穆斯林》（广东广州）、《广西穆斯林》（广西南宁）、《上海穆斯林》（上海市黄浦区）、《济南穆斯林》（山东济南）等。汉文伊斯兰报纸有《穆斯林通讯》（甘肃兰州）、《卜奎清真寺简报》（黑龙江齐齐哈尔）、《穆斯林青年

① 引自"伊呼"网上"伊呼论坛"的"伊声呼唤"主题栏目2006年5月24日所发帖子，译者为文龙。

周报》（山东青岛）、《伊声》（山西长治

进入21世纪以来，随着电子网络技术
也开始尝试电子版形式。这样做，不仅是
也有特别的受众方面的考虑。2006年12月
联谊会在兰州召开，有11家报刊媒体的编辑
包括"电子版网络刊物的建设"。会议的共识
半民间刊物，属非主流媒体，不可能在电视、
地。但是光靠报刊这种书面的形式宣传难以满
时代的需要。会议还透露，社会上通过报刊学
斯林新闻的大多是40岁以上或偏远地区的穆斯
人在网络上学习和了解知识信息的居多，因此认
意义非常重大。① 其实，会议之前，创办电子版
尝试，如PDF电子版杂志《尔麦里》早在2004年
时云南举办的大型"尔麦里"出版了第1期。该杂
创办，据说这是国内首家"伊斯兰正统苏非思想"
至少在15期以上。"伊斯兰之窗"网站还创办了《新
塔》两个电子杂志，前者是"当代穆斯林青年独立创
后者则凝聚了一个专门的作者群——中国叙利亚留学生
上线的还有《皈依穆斯林电子报》。

汉文伊斯兰教报刊，除了像《中国穆斯林》（中国伊
也包括各省由伊斯兰教协会主办者）和《新月华》（中
主办）之类准官方刊物外，基本上都是民间刊物，办刊（
来自社会捐赠。《伊声》报是由山西长治市五一路清真寺与
网站联合主办的，所设特色专栏有"马阿訇信箱"、"好书
斯兰词典"，就其办刊宗旨，发刊词写道："长期以来，我们
的学习宣传做得很不够，人们，包括穆斯林和非穆斯林都缺
了解。其主要原因是，在宣教方法与宣教工具方面，我们已
今天，人类社会已经进入电子信息时代，可是在许多地方，我

① 参见"赛俩目"网，报刊栏载文：《团结互助，共同发展》，2006年12月2

式还仅仅
尔兹来了
各种阿语
译经典，
明，充分
及伊斯兰
《伊声》
尽
声》所
式，而
了解伊
识、传
其是
论。
然出
于认
怖'
了一
就
塑
的

（四）汉文伊斯兰教翻译著述

内地汉文伊斯兰教的翻译著述已有相当长的历史。早在明朝后半期，随着回族经堂教育的形成和发展，随着汉语在回回等族穆斯林中的普及，汉文化对他们影响的深化，以及回汉等民族关系的长期发展，汉文伊斯兰教翻译著述这一宗教学术形式也就出现了。明清之际曾一度形成发展高潮，出现了王岱舆、马注、刘智、马德新等一批著名的“回儒”，撰著出了《正教真诠》、《清真大学》、《清真指南》、《天方典礼》、《天方性理》、《五更月》、《四典要会》、《大化总归》、《经学系传谱》等相当丰富的回回理学（回回伊斯兰教义学）成果。民国时期，汉文伊斯兰教翻译著述传统仍有延续，但势头较为减弱，王静斋、马良骏、虎嵩山、马坚、陈克礼等为其著名代表。民国时期还是中国近、现代伊斯兰教学术兴起的时期，这期间成长起来的一大批穆斯林学者，在教言教，密切关注中国伊斯兰教的历史与现实及中国穆斯林的社会和文化，以弘扬伊斯兰教，振兴民族为自己的历史使命，以保教保民为时代的伟大目标，推动着中国穆斯林民族文化向更深层次、更具时代特征方向发展。新中国成立以来，包括汉文伊斯兰教翻译著述在内，中国（内地）伊斯兰教学术文化的发展，曾经历过相当曲折的过程，但改革开放后，终于又迎来了一个新的发展高潮。近30年来，随着经济社会文化教育的全面进步，包括汉文翻译著述在内的中国（内地）穆斯林学术文化事业有了比以往更深厚的发展基础，而大量海外穆斯林留学人员的出现和中外穆斯林的全面往来，也为国外伊斯兰教文化的传入提供了前所未有的时机。

改革开放以来，国内外前所未有的世俗与宗教教育机会和多样选择的教育形式，培养了更多的穆斯林文化人才，其中，从事汉文伊斯兰教翻译著述的学者队伍也达到了相当的规模，他们有传统经堂教育和伊斯兰学校（男校和女校）培养的阿訇，有各级伊斯兰教经学院和阿拉伯语学校的毕业生，也有留学回国的穆斯林学者（他们一般都拥有国内经堂教育、伊斯兰学校、阿拉伯语学校或经学院教育背景，并在国外以接受伊斯兰教育为主）。翻译者和作者绝大多数人都在国内，但也有个别在国外，却与国内保持密切联系，并有很大影响者，如在美国的康有玺，在新西兰的蒋敬。

这些译、著者，据不完全统计，有蒋敬、康有玺、阮斌、丁士仁、张维真(罕戈)、赵连合、王利奎、马恩信、黄思恩、马能湘、杨万宝、马学凯、吕凤翔、马会云、王永芳、赵桂云、金振学（碧口阿訇)、马秀兰（女)、马廷义、马敏康、程法勒、尚明德、马顺、李秀荣、刘宏宽、彭广恺、马显广、穆斯林、一尘、杨安、马兰、阿一纱（女)、马存恩等。值得注意的是，这些译、著者之间，有的已发展了很密切的学缘关系，有的甚至直接组成了学术小组，如临夏中阿学校编译组和穆斯林青年翻译组，前者由临夏中阿学校的教师组成，译品如《真正人生的救生艇》；后者则至少由5人组成：马继贤、王占海、拜少英、喇少贤和拜礼，译品有《伊斯兰教法》和《伊斯兰商业法》。汉文伊斯兰教翻译著述活动也得到了一些教育、文化、出版机构的支持和推动，如甘肃省临夏市穆斯林文化服务中心、云南纳家营伊斯兰文化学院、云南中振文化策划有限公司（下设“伊斯兰文化部”)、河南省伊斯兰文化研究中心、香港天马出版有限公司、宗教文化出版社等。

从成果产生形式上看，有纯粹翻译作品，此项居多；也有编译、编著以及独创性作品。翻译及编译作品又有传统经典的翻译与当代作品翻译两大类。

1. 传统经典的翻译

历史上曾经有大量伊斯兰经典在中国内地流传，有的已被习惯用于经堂教育教材，或经堂教育的重要参考材料，有的则在民间伊斯兰宗教人士中广为传阅或研习。明清以来，有些经典已有完全或部分汉译，如明末清初学者张时中翻译的阿世格的《归真总义》；清代伊斯兰学者刘智翻译的《真境昭微》(原著为波斯学者查米的《勒瓦一合》)；舍蕴善翻译的《推原正达》、《归真秘要》、《昭元秘诀》（又名《额慎而褪勒默要忒》，作者为波斯人查米)①；马德新翻译的《宝命真经》(《古兰经》中的5卷)；马安礼翻译的《礼法启爱》、王静斋翻译的《古兰经》（三种译本)、《译解选译伟嘎业》，等等，实际上，刘智的《天方典礼》、《天方性理》、《天方至圣实录》等著名作品，也可以被看做是编译之物，是在规定主题下，汇

① 〔清〕赵灿：《经学系传谱》，杨永昌、马继祖标注，青海人民出版社1989年版，第90页。

集若干外来经典内容，再加以适当创作而成的。改革开放以来，有关伊斯兰传统经典的翻译，有代表性的，如康有玺翻译的《布哈里圣训实录》、张维真翻译的《圣学复苏精义》（原作者为著名学者安萨里）、阮斌翻译的《光辉的射线：艾施阿特·拉姆阿特》（即《昭元秘诀》的现代译本）、马能湘翻译的《白亚尼：修辞学概论》（经堂教育教材之一，原作者为赛尔顿丁）、马敏康翻译的《伊斯兰教法通论》、赵连合翻译的《伊斯兰指导讲座》（《默哲理司·依尔沙德》，原作者为〔土耳其〕穆罕默德·本·艾敏·阿芳迪）、李秀荣和刘宏宽翻译的《清真玉柱》（波斯文经典，原名为《吾穆德土里伊斯俩米》）、无名氏翻译的《伊斯兰认主学宗教旨》（原作者亦为波斯学者查米）、马学凯翻译的《候赛尼注释》（1—5 卷，原作者为印度学者候赛尼·卡希斐）、《热什哈尔》和《麦达义哈》（后两部译著中国哲赫忍耶特有经典）、穆萨与伊布拉欣和伊利雅斯等翻译的《穆斯林的修养：脑威圣训精华》、马风德翻译的《利雅得圣训集》（作者亦为今叙利亚地方的历史人士脑威），等等。

2. 当代作品的翻译

20 世纪后期伊斯兰教复兴以来，伊斯兰教的思想以及伊斯兰文化与文明便进入了又一个继承发展、推陈出新的时期，在凡是伊斯兰教居于主流意识形态和社会信仰地位的国家中，伊斯兰教的研究和宣传均受到了极大重视和支持，相关成果不断发表。其中一些重要的成果，借助中外穆斯林的密切交往，尤其是通过这些国家或地区的中国穆斯林留学生，几乎很快就流入了中国（内地），并由一支虽尚松散但规模也蔚为大观的穆斯林翻译队伍以较快速度译成汉语。实际上，翻译介绍国外伊斯兰教传统与现代的经典或作品，几乎成了内地伊斯兰教这一时期文化学术复兴的基本形式之一，成果也较其他形式如著述为多，而其中国外当代伊斯兰教作品的翻译又占其相当大的部分。国外当代伊斯兰作品的翻译结果极大地丰富了中国（内地）伊斯兰教思想，使之与世界伊斯兰教保持了大致同步的发展步伐。从原作的国度看，虽然有很多译品忽视介绍原作者属籍，但能够判断出来自下列国家，如土耳其、印度、巴基斯坦、沙特、埃及、卡塔尔、伊朗、黎巴嫩、马来西亚等，而这些国家又是中国穆斯林留学生的主要去往之地。这期间，出现了一些翻译作品产出较多的伊斯兰学者，如蒋敬博士翻译的作品《伊斯兰学》（原作者为叶海亚·艾麦利克）、《伊斯兰人才培训导论》（希夏姆·艾塔里布）、《穆斯林团结的历史光辉》（塔哈·艾尔瓦尼）、《认主学：在思想和生活中的涵义》（易斯玛伊·法鲁克）和《信仰的哲学》（穆罕默德·胡塞尼·贝赫什提和穆罕默德·加瓦德·巴赫纳尔）；张维真（罕戈）翻译的作品《圣学复苏精义》（安萨里，译品原作为萨里赫·艾哈迈德·沙米所编版本）、《伊斯兰权威伊玛目：安萨里》（萨利赫·艾哈迈德）和《穆斯林行为中的优先选择》（优素福·格尔达威）；赵连合翻译的《简明教义学问答》（穆罕默德·阿卜杜阿吉孜）、《劝善箴言》（穆罕默德·哲阿繁尔）、《对善宝谕》（穆罕默德·艾哈迈德·阿德维）和《伊斯兰教法研究》（穆罕默德·阿里·萨布尼）；王利奎翻译的《人类的归宿是什么》（阿布杜·马力克·库赖依布）、《伊斯兰原理》（阿布·艾尔拉·毛杜迪）和《信仰之窗：认主学剖析》（阿布杜·迈智迪·赞达尼），其他主要译者还有马顺、丁士仁（优博）、康有玺，等等。

在作品被译为汉语的原作者中，有一位重要的国外伊斯兰学者，这个人就是优素福·格尔达威。格尔达威1926年生于埃及，1953和1954年先后获艾资哈尔大学宗教原理和师范学士学位，1960年获宗教原理硕士学位，1973年获博士学位，曾任职宗教事务部和艾资哈尔，任卡塔尔宗教学院院长、圣训与圣史研究中心主任。格尔达威从青年时代就投身于伊斯兰教宣教事业，巡游世界，被誉为“宣教大师”，但在埃及也曾数度被捕。格尔达威著述颇丰。他参加的组织团体有麦加伊斯兰世界联盟教法委员会、约旦皇家伊斯兰文化研究协会、牛津伊斯兰研究中心、伊斯兰堡世界伊斯兰联盟秘书委员会、喀什木伊斯兰宣教组织，并任世界穆学联主席以及多家伊斯兰银行的教法监督委员会主席。所获重要奖项有1990年伊斯兰发展银行经济奖、1992年费萨尔国王世界伊斯兰研究奖、1996年马来西亚国际伊斯兰大学学术贡献特别奖、1997年哈桑国家法学奖（年度伊斯兰奖）、2008年卡塔尔国家荣誉金奖。格尔达威被译为汉语的作品，除前面提到的《穆斯林行为中的优先选择》外，还有马恩信翻译的《信仰与人生》和《论伊斯兰教律中的合法事物与非法事物》、马光明翻译的《当代教法选粹》。此外，他的许多作品也不断被译为汉语载于各汉文伊斯兰教网站上。

3. 汉文伊斯兰教著述

在学习、翻译介绍国外伊斯兰教的传统经典与现代作品的同时，中国（内地）穆斯林知识分子自己也在从事伊斯兰教的研究著述，从而为伊斯兰教复兴在学术思想与文化领域贡献了自己的一份力量。不过，对比国外伊斯兰教研究著述的整体情况来看，甚至与翻译国外伊斯兰经典和作品相比较，中国穆斯林的著述，在主题内容、思想深度、作品数量以及伊斯兰教研究的系统性和全面性方面都还差很多，显得杂乱而缺乏规划，基本上是以学者或写作人的个人兴趣为导向。中国穆斯林作者的研究兴趣大致有以下几个方面，如研究阐释伊斯兰教义者所占比重较大：蒋敬的《信仰的哲学》、程法勒的《解析》、马贤和马效智的《伊斯兰伦理学》、史未安的《伊斯兰：和平与文明的召唤》、《走向真理：伊斯兰信仰与道德》和《信仰的光辉》（穆斯林青年思想丛书）；研究介绍国外伊斯兰教人物的：马福德的《近代伊斯兰复兴运动的先驱瓦哈卜及其思想研究》；讲自己伊斯兰教信仰经验体会的：林路的《我如何信仰了伊斯兰教》、阿一纱的《虔敬的行走：一位穆斯林妇女的朝觐手记》；有反映、记载中国伊斯兰教历史与现状的：《〈古兰经〉汉译注释汇集》（临夏穆斯林文化服务中心编）、《聋阿訇》（临夏明德清真寺编）、蒋敬的《穆斯林妇女丛谈》、马兰的《西部忠魂》等。内地穆斯林学者还有大量的伊斯兰教著述以各类文章形式发表在汉文伊斯兰教报刊与电子网络上，其参与人数之众，作品之多，思想自由（尤其在各网站论坛、博客上发表意见者）程度之高，都是前所未有的，主题也基本不出上述范围，不过，关注和探讨穆斯林社会现实问题的相对要多一些。

参考文献

一、资料与论著

1. 程法勒:《解析》,非正式出版物,2007 年。

2. 蒋敬编译:《穆斯林妇女丛谈》,非正式出版物,未标明出版日期。

3. 〔波斯〕穆团黑里:《伊斯兰教与妇女》,穆斯林译,非正式出版物,未标明出版日期。

4. 〔明、清〕马注:《清真指南》,马恩信等译,云南民族出版社,未见版权面。

5. 〔清〕刘智:《天方性理》,中华民国十二年刊本。

6. 〔清〕蓝煦:《天方正学》,清真书报社,中华民国十四年刊本。

7. 〔波斯〕咋密:《昭元秘诀》,〔清〕破衲痴译,马福祥重印本,中华民国十六(丁卯)年刊本。

8. 〔清〕刘智:《〈性理注释·五功释义·五更月歌〉三种》,〔清〕黑鸣凤注释,马福祥重印本,中华民国二十年刊本。

9. 〔明〕张中:《归真总义》,马福祥重印本,中华民国二十一年刊本。

10. 〔清〕马德新:《大化总归》,北平清真书局,中华民国二十二年刊本。

11. 〔明〕王岱舆:《正教真诠·清真大学·希真正答》,余振贵标点本，宁夏人民出版社1987年版。

12. 〔清〕刘智：《天方典礼》，张嘉宾、都永浩点校本，天津古籍出版社1988年版。

13. 〔清〕马德新：《四典要会》，杨永昌、马继祖标注本，青海人民出版社1988年版。

14. 何兆国编著：《宁夏伊斯兰教派资料汇编》（宁新出管字94—41号），银川开发区东升精印有限公司1995年版。

15. 孙振玉：《中国伊斯兰传统文化研究》，甘肃民族出版社2008年版。

16. 李生俊主编：《石嘴山市民族宗教志》，非正式出版物，1999年。

17. 〔土耳其〕穆罕默德·本·艾敏·阿芳迪：《伊斯兰指导讲座》（《指迷集》），赵连合译，民间出版物，2000年第一次印刷，2004年第二次印刷。

18. 马贤、马效智：《伊斯兰伦理学》，宗教文化出版社2005年版。

19. 孙振玉：《明清回回理学与儒家思想关系研究》，中国文史出版社2005年版。

20. 海原县伊斯兰教协会编：《海原县伊斯兰教协会志》，非正式出版物，2006年。

21. 孙振玉：《王岱舆刘智评传》，南京大学出版社2006年版。

22. 〔埃及〕优苏福·格尔塔威：《信仰与人生》，马恩信译，天马出版有限公司2007年版。

二、论　文

1. 龚黔兰：《伊斯兰教的审美人类学研究初探》，载《宁夏社会科学》，2003年1月。

2. 拉灿：《从宗教与政治关系的演变历史分析建立和谐政教关系的社会意义》，载《西藏民族学院学报》，2004年11月。

3. 叶晓文：《构建和谐社会与重新审视宗教》，载《外交学院学报》，2005年6月。

4. 孙力、马伟：《试论伊斯兰伦理文化与社会主义和谐社会的构建》，载《回族研究》，2005年8月。

5. 喇敏智：《构建社会主义和谐社会符合穆斯林的宗教信仰和根本利益》，载《回族研究》，2005年8月。

6. 高慧珠：《论宗教与社会主义和谐社会的构建》，载《上海师范大学学报》，2005年9月。

7. 瘐荣：《伊斯兰教中关于人与自然的关系与构建和谐社会》，载《新疆石油教育学院学报》，2006年2月。

8. 李建生：《关于引导新疆地区伊斯兰教与社会和谐的思考》，载《新疆师范大学学报》，2006年3月。

9. 何树全：《构建社会主义和谐社会执政党与宗教关系问题研究》，福建师范大学硕士论文，2006年4月。

10. 答小群：《宗教社会功能的二重性与社会和谐》，载《西北民族大学学报》，2006年8月。

11. 白廷举、马天山：《再论宗教与法治的关系》，载《青海民族学院学报》，2006年11月。

12. 朱刚琴：《试析爪哇伊斯兰教的和谐价值观》，载《东南亚研究》，2006年12月。

13. 叶晓文：《论宗教对话、世界和平与和谐社会》，载《北京大学学报》，2007年1月。

14. 王丽宏：《阿訇在和谐社会建构中的作用》，中央民族大学硕士论文，2007年4月。

15. 姚旭豪、赵明达：《宗教团体：构建和谐社会的一支重要力量》，载《中共山西省委党校学报》，2007年4月。

16. 王明兴：《新时期党的宗教政策与社会主义和谐社会的构建》，华中师范大学硕士论文，2007年5月。

17. 王义芳：《〈古兰经〉和谐思想探析》，载《商业文化》，2007年5月。

18. 王广平、王广海：《伊斯兰教与和谐社会的构建》，载《广州大学学报》，2007年6月。

19. 杨桂萍：《阿中伊斯兰教与基督教和谐与共的历史透视》，载《阿拉伯世界研究》，2007 年 9 月。

20. 敏生光：《从中国伊斯兰教看宗教在构建社会主义和谐社会中的作用》，载《西北第二民族学院学报》，2007 年 9 月。

21. 马金虎：《佛教、伊斯兰教和谐观之比较》，载《西北第二民族学院学报》，2007 年 11 月。

22. 王丽宏：《阿洪在和谐社会建构中的世俗功能研究：以宁夏吴忠市为例》，载《回族研究》，2008 年 2 月。

23. 马金虎：《伊斯兰教保障弱势群体与我国和谐社会的构建》，西北民族大学硕士论文，2008 年 4 月。

24. 王义芳：《“解经”工作与和谐社会建设》，上海师范大学硕士论文，2008 年 4 月。

25. 张静、杨永燕：《伊斯兰教和谐伦理观初探》，载《青海民族学院学报》，2008 年 4 月。

26. 潘欣颂：《伊斯兰教和谐思想研究》，石河子大学硕士论文，2008 年 6 月。

27. 侯建霞：《我国宗教和谐问题初探》，河北师范大学硕士论文，2008 年 6 月。

28. 江洪明：《和谐理念视阈下的伊斯兰教》，载《社会科学论坛》，2008 年 6 月。

29. 谢贵平：《试论新疆伊斯兰教的双重社会功能与和谐社会构建》，载《塔里木大学学报》，2008 年 9 月。

30. 许立坤：《胡锦涛对党的宗教理论政策的新贡献》，载《中国特色社会主义研究》，2008 年 11 月。

31. 张彦、刘晓燕：《先秦儒家与伊斯兰仁爱思想的比较》，载《宝鸡文理学院学报》，2008 年 10 月。

32. 李育红、杨永燕：《伊斯兰教生态伦理思想及当代价值》，载《贵州民族研究》，2008 年 10 月。

33. 孙颖慧：《伊斯兰教教义中和谐的谋生与就业观》，载《宁夏社会科学》，2008 年 11 月。

34. 康春英：《对中国伊斯兰教西道堂的最新调查与思考：兼谈宗教参与和谐社会建构的具体形式与实现方式》，载《西北民族大学学报》，2009年2月。

35. 丁俊：《当代伊斯兰“中间主义”思潮与中国的“和谐世界”理念》，载《北方民族大学学报》，2009年5月。

图书在版编目(CIP)数据

伊斯兰教与构建和谐回族社会/孙振玉,孙嫱著.
—北京:中央编译出版社,2012.12
ISBN 978-7-5117-1303-2
Ⅰ.①伊…
Ⅱ.①孙… ②孙…
Ⅲ.①伊斯兰教-关系-回族-社会稳定-研究-中国
Ⅳ.①B968 ②D633.313
中国版本图书馆 CIP 数据核字(2012)第 266997 号

伊斯兰教与构建和谐回族社会

出 版 人	刘明清
出版统筹	谭 洁
责任编辑	李小燕
责任印制	尹 珺
出版发行	中央编译出版社
地 址	北京西城区车公庄大街乙 5 号鸿儒大厦 B 座(100044)
电 话	(010)52612345(总编室) (010)52612340(编辑室) (010)66161011(团购部) (010)52612332(网络销售) (010)66130345(发行部) (010)66509618(读者服务部)
网 址	www.cctphome.com
经 销	全国新华书店
印 刷	北京瑞哲印刷厂
开 本	787 毫米×1092 毫米 1/16
字 数	200 千字
印 张	13.25
版 次	2012 年 12 月第 1 版第 1 次印刷
定 价	45.00 元

本社常年法律顾问:北京市吴栾赵阎律师事务所律师 闫军 梁勤
凡有印装质量问题,本社负责调换,电话:(010)66509618